Autorengruppe **LITERA**

Der bunte Teller
- Geschichten zur Weihnachtszeit -

Herstellung und Verlag:
BoD - Books on Demand, Norderstedt
ISBN 978-3-7431-1506-4

© 2016 Autorengruppe LITERA

Die Rechte der Texte liegen ausschließlich bei den Autoren. Die Verwertung der Texte, auch auszugsweise, ist ohne schriftliche Zustimmung der Autoren urheberrechtswidrig. Das gilt auch für Vervielfältigungen, Mikroverfilmungen und für die Verarbeitung mit elektronischen Systemen.
Die Rechte des Titelbildes liegen bei Sonja Opfermann.
Layout Marion Leppink

Inhaltsverzeichnis

Eine etwas andere Weihnachtsgeschichte   5

Haggelbros Weihnacht   14

Alle Jahre wieder   22

Julenisse und der Weihnachtsmann   33

Der Weihnachtskarpfen   44

Weihnacht mit Elchkuh
-eine gegen Ende dann doch ganz schön
besinnliche Geschichte   57

Ein Engel in der Nacht   68

4

Eine etwas andere Weihnachtsgeschichte
- Anja Brand -

Es ist bitterkalt und Lukas friert erbärmlich. Der Wind heult und pfeift um die Ecken. Lukas freut sich auf Zuhause. Der Gedanke an die warme Stube lässt ihn gleich einen Schritt schneller gehen. Er freut sich auf das flackernde Feuer im Ofen und auf die Wärme, die der alte Kachelofen abstrahlt. Glücklicherweise hat Mutter gestern noch eine Fuhre Brennholz von Onkel Heiner bekommen. So ist es wenigstens in den Tagen über die Weihnachtszeit warm in der Stube.

Seit Vater fort ist, fällt es Mutter immer schwerer für genügend Lebensmittel zu sorgen und auch Brennholz oder Kohlen sind Mangelware in diesen Tagen. Der Krieg hat allen Menschen Not gebracht und auch vor den ländlichen Gebieten macht es nicht halt. Dazu kommt die Gewissheit, dass Vater nie wieder kommen wird. Erst vor ein paar Tagen ist die Nachricht gekommen, er sei gefallen in den letzten Tagen des Krieges. Sie haben gebangt und gehofft, der Krieg ist schon seit zwei Jahren vorbei, aber die Kämpfe um das Überleben haben sich nicht wesentlich verändert. Lukas hebt vorsichtig den Kopf. Der kalte Wind schneidet ihm ins Gesicht. Zusammengekauert stapft er weiter durch den frisch gefallenen Schnee. Eigentlich mag er den Winter, aber die schweren Zeiten haben ihn gelehrt, dass er nicht nur ein schönes weißes und fröhliches Gesicht hat, sondern auch frieren und hungern bedeuten kann. Es war schön damals, doch er musste schnell erwachsen werden in diesen Zeiten.

In Gedanken versunken hätte er beinahe die Spur im Schnee übersehen. Das sind doch Fußspuren. Vor kurzer Zeit muss hier jemand gelaufen sein. Er hebt erneut den Blick und sieht einen kleinen Hügel im Schnee. Komisch, dahinter gibt es keine Fußspuren mehr. Er nähert sich dem Hügel und als er ihn erreicht, tritt er leicht dagegen. Das fühlt sich komisch an. Erneut stupst er mit dem Fuß dagegen. Das fühlt sich wie ein Stoffballen an. Er beugt sich langsam vor und greift nach dem Schneehügel. Dabei bekommt er einen weichen Stoff zwischen die Finger und irgendwie ist dieses Etwas doch noch relativ warm.

Plötzlich durchzuckt ihn ein Gedanke. Das ist gar kein Stoffballen, hier liegt jemand im Schnee!

Schnell beginnt er den Schnee zur Seite zu räumen. Er entdeckt immer mehr eine Gestalt, die von der Figur wie ein Kind wirkt, aber nein, als er das Gesicht sieht weiß er, es muss sich um einen älteren Menschen handeln. Allerdings um einen recht kleinen Menschen. Die Augen geschlossen, atmet er flach und Lukas versucht erst gar nicht ihn zu wecken. Er hebt ihn mühsam auf und beginnt jetzt mit der Last den Weg nach Hause fort zu setzen. Schweiß tritt ihm auf die Stirn. Obwohl er anfangs dachte, dieser Jemand sei doch recht leicht, wird er doch immer schwerer, je länger er ihn trägt. Ächzend erreicht er nach kurzer Zeit das kleine Haus, das er mit Mutter bewohnt.

„Gut, dass sie heute erst spät nach Hause kommt", denkt Lukas als er den ungewöhnlichen Gast in die kleine Wohnstube trägt. Er setzt ihn in Vaters Sessel und feuert sofort den Ofen an. Bald erfüllt eine behagliche Wärme den kleinen Raum und Lukas brüht schnell einen Tee für den Fremden und für sich auf. Langsam scheint wieder Leben in den steif gefrorenen Körper zu kommen. Lukas verlässt nur kurz den Raum um noch etwas Wasser zu holen. Als er zurück kehrt sitzt der Fremde im Schneidersitz vor dem

Kachelofen und es sieht so aus, als wolle er die gesamte Wärme in sich aufnehmen. Ein zufriedenes Lächeln erhellt sein Gesicht und er blickt Lukas strahlend an.

„Danke, es war sehr tapfer und freundlich von dir, mich mit hierher zu nehmen", sagt er. „Ich bin übrigens Claudius der direkte Untergebene des Weihnachtsengels." „Jaja", lacht Lukas höhnisch, „und ich bin der Osterhase, in diesem Jahr leider etwas zu spät unterwegs. Willst du mich veräppeln? Du brauchst dich nicht lustig zu machen über mich. Ein Danke hätte schon gereicht."

Verächtlich dreht er sich zur Seite. Dabei hat er den Fremden gerade fragen wollen, ob er nicht auch etwas essen wolle, aber das kann er vergessen.

„Ja, danke, ich esse sehr gerne etwas mit dir", murmelt Claudius, „ich habe einen Mordshunger." Verwirrt schaut Lukas ihn an. Hat er jetzt doch laut gesprochen? Nein, er ist sich sicher, er hat nur in Gedanken...

„Ich weiß", erwidert Claudius, „du hast nur gedacht, aber ihr denkt einfach zu laut, da muss man ja mithören. Jetzt komm, sei kein Spielverderber, zur Abwechslung kann ich auch mal etwas beisteuern. Hier, ich habe noch von dem

Honigkuchen in der Tasche, der passte auf das Geschenk von Sarah nicht mehr drauf. Außerdem bekommt sie in diesem Jahr sowieso genug, da fällt es nicht auf, dass das Stück fehlt. Ich denke hier ist das im Moment eher angebracht." Mit diesen Worten hält Claudius ihm ein großes Stück duftenden Honigkuchen unter die Nase. Sprachlos greift Lukas zu und als er in den Kuchen beißt, kann er nicht anders, er verdreht vor Wonne die Augen. Mit vollem Mund versucht er Claudius alles zu sagen, was ihm in diesem Moment durch den Kopf schießt.

„ Weift du, iff hawe von ewiv sovav nich mehr gegeffen", schmatzt er, „und ivv....!"
„Warte noch einen Moment, ich verstehe ja auch so, iss erst mal in Ruhe. Ja, ich verwahre deiner Mutter auch ein Stück und ja, ich nehme gerne auch noch einen Tee", lacht Claudius.
Nachdem Lukas seinen Honigkuchen verdrückt hat, und beide noch einen heißen Tee vor sich stehen haben, ist es endlich an der Zeit mehr zu erfragen und so berichtet Claudius von seinem Malheur. Bei der großen Packaktion des Schlittens und der Geschenkpäckchen war es passiert, er war einfach hinten rüber gekippt und hatte sich den Kopf an der langen Schlittenkufe

angeschlagen. Danach wusste er nichts mehr, bis, ja bis Lukas ihn sanft in Vaters Sessel plumpsen ließ.

Mit großen kugelrunden Augen schaut Lukas ihn an. „Dann bist du wirklich so ein Himmelsbewohner, Engelgehilfe oder so was?" Ungläubig rollte er mit den Augen. „Da fresse ich doch den Besen, das kann doch nicht sein."
Claudius nickt und lächelt mild. „Naja, ist mir ja auch noch nicht passiert, dass ich einen Erdenbewohner so von Angesicht zu Angesicht zu sehen bekomme. Aber ich habe wohl wirklich Glück gehabt, dass ich dich getroffen habe. Du wirst mir bestimmt auch weiterhin helfen, denn ich muss schleunigst zurück. Die anderen Himmelsbewohner wissen ja nicht, was passiert ist und werden bestimmt schon nach mir suchen. Dabei fällt mir ein, wir haben schon mal jemanden gesucht, da hat Gabriel gesagt, dass ein kleines Feuer sehr hilfreich sei. Hilfst du mir Lukas? Ist hier in der Nähe eine kleine Anhöhe, die aber trotzdem etwas windgeschützt ist, wo wir ein Feuer machen können?"

Sofort fällt Lukas der kleine Hügel auf der Wiese hinter dem Haus ein. „Ja", ruft er eifrig, „hinter dem Haus, auf der Wiese, da fahren wir immer mit dem Schlitten, da ist so eine Stelle. Wir nehmen den kleinen Korb mit und auch etwas Brennholz und die kleine Schaufel. Das geht schon."

Eifrig packt er die Dinge in den kleinen Korb, der neben dem Ofen steht. „Hui, willst du mich schnell wieder loswerden?", fragt Claudius lachend, „sag erst mal, was ist eigentlich dein Wunsch zum Fest in diesem Jahr?" Traurig senkt Lukas den Kopf. In Gedanken sieht er seinen Vater lachen und fühlt, wie er ihn immer durch die Luft gewirbelt hat. Er spürt seinen warmen Atem auf der Haut und hört deutlich seine Stimme. Lukas schüttelt traurig den Kopf. „Eigentlich habe ich nur einen Wunsch, aber den kann mir keiner erfüllen", murmelt er.

Inzwischen hat Claudius seinen warmen Mantel angezogen und stapft zur Tür. „Na, dann wollen wir mal, bist du soweit?"

Als sie vor die Tür kommen, hat sich das Schneegestöber gelegt und auch der Wind hat aufgehört zu heulen. Langsam scheint es dunkler zu werden. Die Tage sind schon sehr kurz und so müssen sie sich beeilen. Bald erreichen sie die Stelle und wenig später flackert ein kleines Feuer vor ihnen. „Dann ist es an der Zeit mich von dir zu verabschieden", sagte Claudius. Er nimmt Lukas kurz in den Arm und flüstert „ich hätte da noch etwas für dich, weißt du, die Sache mit den Namensgleichheiten nimmt so langsam Überhand. Aber das kann er dir dann selbst erklären und jetzt mach es gut. Denk ab und zu mal an mich."

Mit diesen Worten wird es plötzlich windig, der Schnee wirbelte auf und nimmt Lukas für einen Moment die Sicht. „Claudius, was meinst du? Claudius? Wo bist du?", doch es ist niemand mehr zu sehen.

Lukas schüttelt nachdenklich den Kopf, komische Geschichte. Er schaufelt schnell etwas Schnee auf das kleine Feuer, das sofort zischend verlischt. Als er nach dem kleinen Korb greift, sieht er in der Ferne eine gebeugte Gestalt auf das kleine Haus zulaufen. Mutter kommt doch erst gegen 8 Uhr heim heute, und außerdem sieht das eher aus wie ein Mann. Es kommt Lukas so vor, als kenne er diesen Mann.

Heiß läuft es ihm den Rücken hinab. Der Atem stockt, Tränen schießen ihm in die Augen. Nein, das kann doch nicht sein und doch, es gibt keinen Zweifel.

„Vater!" Sein Schrei zerreißt die Stille. Die Gestalt reißt den Kopf hoch und schaut in seine Richtung. Schon fliegt Lukas ihm entgegen. Auch der Mann beginnt zu laufen und als sie sich in die Arme fallen, ist nur noch großes Glück zu spüren, unendlich großes Glück.

Haggelbros Weihnacht
- Anja Brand -

Haggelbro, ein Weihnachtself, saß missmutig auf der kleinen Wolke vor der Abflugschneise des Christkindes. St. Nikolaus war von seinem alljährlichen Besuch auf der Erde wieder zurück und hatte ihm schwungvoll einen ganzen Sack voller Päckchen vor die Füße geworfen.

„So eine Schlamperei", hatte er geschimpft, „ist mir lange nicht passiert!"

Dabei waren einige der Päckchen aus dem Sack gekullert und Haggelbro sah, warum St. Nikolaus so wütend war. Die Schleifen hatten sich gelöst und waren total verknotet. Hier und da war das Geschenkpapier eingerissen und ein Päckchen war total verrußt.

„In der Packstraße hat man mir gesagt, das sei dein Werk, Haggelbro. Du bist schlampig, nachlässig und wenn du so eine Arbeit ablieferst, demnächst auch komplett überflüssig. Zum Glück hatte ich einige Ersatzpäckchen. Bring das in Ordnung, aber sofort. Damit die Kinder diese Sachen Weihnachten bekommen können. Und ich warne dich Haggelbro, noch einmal, auch nur der kleinste Fehler, und du arbeitest ab sofort da, wo du keinen Schaden mehr anrichten kannst!"

Mit diesen Worten war er davon gestapft und hatte einen traurigen und unglücklichen Haggelbro zurückgelassen. Alle Abteilungen hatte Haggelbro schon durchlaufen. In der Spielzeugfertigung war er nur ein paar Wochen gewesen.

„Zu ungenau, zu langsam", hatte es geheißen. „Er sei hier nicht zu gebrauchen."

In der Lackiererei war zum Schluss alles bunt gewesen, nur nicht das Spielzeug. In der Packstraße hatte es ihm gar nicht gefallen. Der Ober Elf hatte immer ein wachsames Auge auf ihn gehabt und hatte jede kleine Nachlässigkeit sofort bemerkt. Aber auch dieser war nicht immer dagewesen und als er einmal zur Pause gegangen war, hatte Haggelbro alleine die letzten Päckchen gepackt Er hatte dabei wohl den Klebestaub vergessen, der alles zusammenhielt. Das Ergebnis lag jetzt vor seinen Füßen Er überlegte eine Weile, woher wohl der Ruß auf dem letzten Päckchen war, bis ihm plötzlich einfiel, dass er ganz in Eile ein Päckchen verloren hatte und das musste dann in den leeren Kamin gekullert sein.

Haggelbro nahm den Sack und machte sich auf den Weg zur Packstraße. Der Ober-Elf bekam vor lauter Zorn einen knallroten Kopf. Er schnaubte wütend und riss Haggelbro den Sack aus der Hand.

„Ich mache das und du, mach dass du fortkommst, bevor ich mich vergesse!" zischte er böse.

Haggelbro stiegen die Tränen in die Augen und mit hängendem Kopf trottete er hinaus. Als er vor der Spielzeugfabrik stand, bemerkte er, dass sich langsam jemand näherte.

„Haggelbro, Haggelbro", hörte er eine angenehm tiefe Stimme, „was machen wir bloß mit dir?" Langsam beugte sich Petrus zu dem kleinen Elfen herunter. Haggelbro schluchzte kurz auf und sah ihn mit tränenverschleierten Blick an.

"Ich,„ schluchzte er, ich bin ühühüberflüssig!" und die dicken Tränen rollten seine Wange hinunter. Tröstend legte Petrus seinen Arm um die Schultern des kleinen Elfen.

„Komm Haggelbro", sagte er gutmütig, „ich zeige dir mal etwas." Mit diesen Worten zog er den kleinen Wicht an sich und ging mit ihm zur hinteren Seite der Spielzeugfabrik.

„Schau mal Haggelbro, hier hast du erst einmal etwas tierische Gesellschaft, die Rentiere sind wunderbare Zuhörer. Weine dich hier mal aus und erzähle ihnen deinen Kummer. Danach wird es dir besser gehen. Und vielleicht macht dir das deine Gedanken so klar, dass du weißt, wie es weitergehen soll."

Sachte schob Petrus den verheulten Elfen in den warmen Stall. Hier war es dunkel, aber warm und es roch nach Heu, Stroh und Rentier. Haggelbro schlurfte langsam zu den Tieren. Comet drehte sich neugierig und Widerkäuend zu ihm um. Es war, als schaute er ihn fragend an. Der Elf suchte sich einen alten Eimer, drehte ihn um und setzte sich in die Mitte des Stalles. Er legte den Kopf in die Hände und begann leise zu sprechen. Alles erzählte er. Von den offenen Päckchen, vom Zorn des Oberelfen, von der Farbschlacht in der Lackiererei und davon, dass er sich für nutzlos, dumm und überflüssig hielt. Kein Laut störte ihn bei seiner Beichte, nur ab und zu hörte er das leise Schnauben der Rentiere. Gerade als eine besonders dicke Träne an seiner Wange herunterlief, spürte er den leisen Atemzug eines Rentieres an seinem Ohr. Dancer war langsam zu ihm gegangen und reibe sein weiches maul an seinem Hals. Haggelbro hob den Kopf und sah, dass alle neun Tiere sich um ihn versammelt hatten. Sie standen um ihn herum, als wollten sie ihn beschützen. Abwechselnd stupsten sie ihn an, ließen sich von ihm streicheln und langsam beruhigte sich Haggelbro wieder.

Wer versorgte die Rentiere eigentlich? Er hatte gehört, dass der alte Elf, der bisher den Stalldienst übernommen hatte, dies nicht mehr machen könne.

Ihm kam ein kühner Gedanke. Was wäre wenn er........? Nein, das würde Petrus nicht zulassen. Oder doch? Unbedingt musste er Petrus fragen, ob diese Stelle nicht etwas für ihn wäre. So wohl wie hier, hatte sich Haggelbro noch nie gefühlt.
Es dauerte eine Weile, bis Haggelbro den Mut fasste, Petrus zu fragen. Petrus war sehr erfreut. Er fand es eine gute Idee, dass Haggelbro die Arbeit im Stall übernehmen wollte und so stimmte er mit einem herzlichen Lächeln zu.

Eifrig machte sich der Elf ans Werk und brachte den Stall auf Hochglanz, Alles, aber auch wirklich alles wurde erneuert, gesäubert oder in Ordnung gebracht. Es waren keine lockeren Bretter, Dielen oder Balken mehr zu finden. Die Einstreu wurde täglich gewechselt und Haggelbro striegelte das Fell der Rentiere bis es seidig glänzte. Er versorgte sie immer wieder gerne mit allerlei Leckereien und die Tiere dankten es ihm mit

Zuneigung. Donner und Blitzen waren immer nah bei ihm und selbst Cupid, der sonst sehr zurückhaltend war, suchte ständig Haggelbros Nähe. So ging die Zeit ins Land und langsam neigte sich das Jahr dem Ende zu.

Da sich für Haggelbro alles nur noch um die Rentiere drehte, war es nicht verwunderlich, dass er als Erster merkte, dass mit Dasher etwas nicht stimmte. Die Augen des Tieres waren trüb und seine Nase trocken und heiß. Haggelbro eilte zu Petrus und schnell war klar, wenn sich der Zustand nicht rasch ändern würde, müsste Weihnachten, zum ersten Mal seit man denken konnte, ausfallen.

Haggelbro hatte ab sofort keine ruhige Minute mehr. Er besorgte eine warme Decke für Dasher, flößte ihm immer wieder Wasser oder Tee ein und achtete darauf, dass er regelmäßig fraß. Wenn er den Stall verließ, war es nur, um die Engel und alle anderen Himmelsbewohner zu befragen, welche Kräuter und welche Medizin man für Dasher noch anwenden könnte.

Haggelbro pflegte Dasher wirklich vorbildlich. Er hatte sich seinen eigenen Schlafplatz in Dashers Box eingerichtet, um immer bei ihm sein zu können. Bei der kleinsten Regung sprang er auf, streichelte seinen Patienten liebevoll und legte seine Arme um seinen Hals. Manchmal war es ihm, als würde das Rentier traurig seufzen.

Es dauerte einige Tage, bis es Dasher langsam besser ging. Am Anfang waren es nur kleine Anzeichen, aber bald schon wurde sein Blick klarer und er schnaubte nicht mehr ganz so laut. Todmüde, aber überglücklich brachte Haggelbro Petrus die gute Nachricht. Wenn Dasher weiterhin so gute Fortschritte machte, würde das Weihnachtsfest stattfinden können.

Am Heiligen Abend konnten wirklich alle Rentiere vor den Schlitten gespannt werden und Haggelbro lachte überglücklich.

„Ach", dachte er froh, „was für ein wunderschönes Bild, wenn alle Glöckchen hin und her schwingen und die goldenen Geschirre im Sonnenlicht funkeln. Was sind sie doch herrlich anzusehen meine Freunde!"

Lächelnd legte das Christkind seine kleine Hand auf Haggelbros Schulter. „Du bist also Haggelbro. Ich habe schon viel von dir gehört. Nicht immer waren alle so glücklich wie heute. Ich kann mich daran erinnern, dass nicht immer alles so gut lief in den letzten Jahren. Aber du, lieber Haggelbro, du hast Weihnachten gerettet. Alle bekommen heute Geschenke und so sollst auch du ein Geschenk bekommen. Wenn du magst, kannst du mich heute begleiten, denn keiner kennt die Rentiere so gut wie du. Es ist immer etwas ganz Besonderes, wenn man mit dem Weihnachtsschlitten die Menschen besucht um sie zu beschenken. Nicht Jedem wird so eine große Ehre geschenkt. Komm zu mir in den Schlitten kleiner Elf und dann geht es los. Auf Dasher und Dancer, Pancer und Vixen, lauf Comet und Cupid, Donner und Blitzen, schnell Rudolf hinab zu den Menschen!"

Und schnell wie der Blitz startete die rasante Fahrt zum Weihnachtsfest in die Welt hinaus.

Alle Jahre wieder
- Beate Kranz -

Weihnachten war auch in diesem Jahr nah herangerückt.

Nur noch drei Backbleche Zimtsterne und Spritzgebäck, ein Posaunenkonzert, eine Schulaufführung und siebzehn Mal schlafen trennte uns vom Heiligen Abend mit seinem Weihnachtsessen, Tannenbaum und Geschenken.

Die Geschäfte hatten in diesem Jahr ihre Auslagen mit Sternen, Glitzer, schwebenden Engel und Tannenzapfen in Silber, Gold oder Pappmaché dekoriert; und beim örtlichen Elektrogeschäft, das in zweiter Familiengeneration geführt wurde, fuhr wieder die alte Kindereisenbahn zwischen Lampen, Toastern und Waffeleisen ihre ziellosen Runden, hielt nur an, wenn am Abend, kurz nach acht, das Licht gelöscht wurde und nahm morgens um sieben ihre Fahrt wieder auf.

Die Straßenmusikanten in der Fußgängerzone hatten ihr Repertoire an Liedern gewechselt und spielten in einer Art Endlosschleife Jingle Bells,

Nikolaus komm in unser Haus, morgen Kinder wird's was geben und White Christmas.

Und über allem hing der Geruch von gebrannten Mandeln, Zuckerwatte, Paradiesäpfeln und Glühwein des nahen Weihnachtsmarktes.

Mit dem Weihnachtsfest würde Auguste-Viktorias Geschenk den Weg in meine Wohnung finden.

Auguste-Viktoria, vom Status Großtante väterlicherseits, als jüngstes Kind eines kaisertreuen Paares im Herbst 1920 geboren, 1945 verwitwet und seitdem mit ihrer Cousine Aurelia zusammenlebend, hatte es selbst im fortgeschrittenen Alter nicht aufgegeben, die Familie zu beschenken.

Die Geschenke kamen vorzeitig am dritten Advent an.

„Damit es unter dem Baum nicht leer ist", sagte Auguste-Viktoria. „Nichts ist schlimmer als ein Weihnachtsfest ohne Geschenke. Habe ich 1944 erlebt. Da standen wir kurz vor der Flucht. Ich habe mir damals geschworen, wenn du diesen Schlamassel überlebst, dann wird es nie wieder unter dem Baum leer sein."

Auguste-Viktoria hatte überlebt, war erst bei Aurelias Eltern untergekommen und später mit der zehn Jahre jüngeren Aurelia zusammengezogen.

Ihr Mann Theodor war wie ihr Bruder Hermann-Wilhelm im Krieg gefallen, ihre ein Jahr ältere Schwester Mathilde zog mit ihrem amerikanischen Ehemann Bob nach Idaho.

Auguste-Viktoria richtete ihr Augenmerk auf ihren ältesten Bruder, meinen Großvater Heinrich und ihre Schwester Elisabeth und erinnerte sich an ihren 1944 gegebenen Schwur.

Sie beschenkte sie an Geburtstagen und zu Weihnachten und auch dann, wenn sie glaubte, dass sie Freude an diesem oder jenem Geschenk hätten.

Bedauerlicherweise schwächelte Auguste-Viktorias Glaube, zumindest was Geschenke anging. Ihre Geschenke waren im besten Fall außergewöhnlich zu nennen.

Bei der goldenen Hochzeit ihrer Schwester Elisabeth überreichte sie dem überraschten und dann peinlich berührten Jubelpaar ein Kaffeeservice für 24 Personen, dessen Tassen und Teller auf goldenen Füßchen standen und mit einer Krone verziert waren.

„Außergewöhnlich", flüsterte Elisabeth.

„Geschmacklos wie immer", sagte ihr Bruder Heinrich laut. "Zum Glück hat man nur einmal im Leben goldene Hochzeit. Weihnachten und Geburtstage müssten auch nicht sein."

„Lass ihr doch die Freude", sagte meine Großmutter und bedankte sich freundlich beim nächsten Weihnachtsfest, als Auguste-Viktoria ihr einen Weihnachtsteller mit blauen Rotkehlchen schenkte.

„Das ist der siebte Weihnachtsteller", murrte mein Großvater. "So viele Teller braucht kein Mensch."

„Lass sie doch. Was hat sie dir denn geschenkt?"

„Eine Krawatte mit schwarzen Schafen. Meinte, ich solle es als Ansporn sehen und aus mir herausgehen."

Als ich erwachsen war und fortzog, um meine erste Stelle als Lehrerin anzutreten, geriet ich verstärkt in Auguste-Viktorias Blickfeld.

Noch vor dem ersten Arbeitstag erreichte mich per Express ein liebevoll gepacktes Geschenk.

'Der erste Eindruck ist entscheidend, die richtige Kaffeetasse am Morgen ebenfalls', hatte sie mit ihrer altmodischen Handschrift auf die beigefügte Karte geschrieben. Ich wickelte einen Becher mit Sonnenblumenmotiv und goldenen

Lettern: 'Morgenstund' hat Gold im Mund und Kaffee im Becher', aus.

„Lass ihr die Freude, benutze ihn ein einziges Mal und stelle ihn ganz hinten in den Schrank, dort wo die Dinge zum Vergessen stehen", sagte meine Großmutter am Telefon. "Und vergiss nicht, dich zu bedanken. Schreib ihr, darüber freut sie sich mehr, als über einen Anruf."

Ich schrieb Auguste-Viktoria, bedankte mich und stellte den Kaffeebecher ganz nach hinten in den Schrank.

Vergessen konnte ich ihn nicht, denn rechtzeitig zum dritten Advent erreichte mich ein weiteres Päckchen, und als ich es Weihnachten öffnete, hielt ich einen Kaffeebecher mit tanzenden Engeln in der Hand. 'Fröhliche Weihnachten', schwebte in Rot über ihren spitzen Flügeln.

„Lass ihr die Freude und stelle sie zu der anderen", sagte meine Großmutter. "Und vergiss das Danke sagen nicht. Über die Freude anderer freut sie sich am meisten."

Ich bedankte mich, und Auguste-Viktorias Weihnachtstassen-Geschenk breitete sich jedes Jahr um eine weitere Tasse in meinem Schrank aus.

Inzwischen waren es sechsundzwanzig Weihnachtstassen und bei mir stellte sich die Frage, wo ich sie unterbringen sollte; ob ich vielleicht einen Schrank kaufen und ihn ‚Auguste-Viktorias-Kaffeebecher-Schrank' nennen sollte.

Normalerweise hätte ich meine Großmutter gefragt, denn sie kannte sich damit aus und hatte selbst einen Koffer auf dem Speicher stehen, in dem sie die gemalten Bilder und gebastelten Geschenke ihrer Enkel aufbewahrte.

Doch sie verließ mich bei Tasse zwölf und Auguste-Viktoria schenkte mir einen verschnörkelten Kaffeebecher aus Bone-China mit Vergissmeinnicht-Motiv und Goldrand.

Noch vier Tage, dann war der dritte Advent und Auguste-Viktorias Päckchen würde auf meinem Schreibtisch liegen und auf die Ankunft und das Aufstellen des Weihnachtsbaumes warten, um dann stilgerecht auf der handgestickten Weihnachtsdecke meiner Großmutter Platz zu nehmen.

Das Telefon klingelte, als ich um sechs nach Hause kam. In meiner rechten Hand hielt ich den Haustürschlüssel, in der linken die Handtasche und einen meiner geliebten Paradiesäpfel.

Meine Mutter war am Apparat, hörte sich seltsam an.

„Auguste-Viktoria liegt im Krankenhaus. Aurelia hat angerufen, ist wohl ziemlich ernst", sagte sie bedrückt. „Schaffst du es am Wochenende zu kommen", fragte sie.

„Bin spätestens am Samstag da", sagte ich und legte den Paradiesapfel in den Kühlschrank.

Die Klinik, in die Auguste-Viktoria gebracht worden war, war groß, modern und anonym.

Die Familie war versammelt, als ich das Zimmer betrat und eine klein gewordene und zusammengesunkene Aurelia saß an Auguste-Viktorias Bett, hielt ihre Hand und tupfte sich mit einem winzigen Spitzentaschenbuch die Augen.

Auguste-Viktoria öffnete die Augen, blickte mich an. "Da bist du ja", sagte sie etwas undeutlich. Dann sah sie zu allen anderen, nickte jedem von uns zu.

„Es hat so viel Spaß gemacht, ihr habt mir jeden Tag Freude bereitet", sagte sie und schloss ihre Augen.

Am Abend der Beerdigung, als die Familie Aurelia in die Seniorenresidenz brachte und sich noch einmal versammelte, holte Aurelia einen Korb hervor.

„Das sind die Geschenke, die Auguste-Viktoria für dieses Jahr gekauft hatte. Sie hatte sich, wie jedes Jahr, das ganze Jahr über Gedanken gemacht, hatte in ihrem Notizbuch, in dem sie unter jeden Namen die Vorlieben geschrieben hatte, nachgeschaut, und nach dem rechten Geschenk Ausschau gehalten."

Aurelia zog ihr Spitzentaschentuch hervor, putzte sich damenhaft die Nase.

„Sie hatte so viel Freude beim Aussuchen. Für sie war es jedes Mal ein Freudenfest, wenn sie etwas entdeckt hatte, von dem sie glaubte, dass es den Beschenkten eine große Freude bereiten würde. Sie liebte es andere zu beschenken, es war ihr höchstes Glück.

Als im Herbst die ersten Flüchtlingsfamilien in unser Viertel kamen, gingen wir zum Amt und Auguste-Viktoria erklärte einem der Beamten, dass sie den Kindern in der Unterkunft Weihnachtsgeschenke überreichen möchte. Der Gedanke, dass ein Kind ohne Geschenk Weihnachten feiern müsse, bereitete ihr schlaflose Nächte."

Aurelia richtete sich auf, sah uns der Reihe nach an.

„Wir wissen alle, dass ihr Geschmack was Geschenke anging, milde gesagt, außergewöhnlich war. Umso mehr danke ich euch, dass ihr euch das nie habt anmerken lassen; ihr die Freude nie getrübt, genommen habt. Dieses sind ihre letzten Weihnachtsgeschenke."

Es war der Morgen des Heiligen Abend, als ich Auguste-Viktorias Geschenk auspackte. In diesem Jahr würde die ganze Familie Weihnachten zusammen feiern und am frühen Abend mit Aurelia zum Friedhof gehen.

Es war so früher Morgen, dass die Dämmerung noch nicht vorüber war, als ich die Weihnachtsbaumbeleuchtung einschaltete und Auguste-Viktorias Päckchen öffnete.

Vor mir lag ein großer Kaffeebecher, auf dem eine Weihnachtsszene gedruckt war. Kinder standen um einen Weihnachtsbaum und sahen mit staunenden Augen auf das Kind in der Krippe.

Auguste-Viktoria hatte den Becher randvoll mit meiner Lieblingssüßigkeit gefüllt. Große Krokantkugeln quollen aus dem Becher und wurden nur durch das silbrige Zellophanpapier und einer fest gebundenen roten Samtschleife daran gehindert fort zu kollern.

Als ich den Becher auf den Tisch stellte, sorgte das Papier dafür, dass er schräg stand. Leise klang die Melodie: „Alle Jahre wieder kommt das Christuskind ..."

Überrascht nahm ich den Becher in die Hand. Die Melodie verstummte. Ein verborgener Mechanismus sorgte dafür, dass der Becher im gekippten Zustand das alte Weihnachtslied spielte.

Ich kippte den Becher erneut, lauschte der vertrauten Melodie, dachte an Auguste-Viktoria, wie sie es sich zur Lebensaufgabe gemacht hatte, die Menschen zu beschenken, Freude zu bereiten, dem Christuskinde gleich, segnend dem Einzelnen zur Seite zu stehen, zu begleiten.

Alle Jahre wieder
kommt das Christuskind,
auf die Erde nieder
wo wir Menschen sind

Kehrt mit seinem Segen
ein in jedes Haus,
geht auf allen Wegen
mit uns ein und aus.

Ist auch mir zur Seite
still und unerkannt,
dass es treu mich leite
an der lieben Hand.

Text des Liedes: Wilhelm Hey (1837)
Melodie: Friedrich Silcher (1842)

Julenisse und Weihnachtsmann
- Brigitte Krause -

Das Trolldorf liegt tief verschneit in Norwegens Wäldern. In diesem Dorf wohnen die Trollkinder Ole und Malva. Es ist Dezember, also bald Weihnachten. Und Weihnachten kommt der Julenisse. Der Julenisse ist so etwas Ähnliches wie der Weihnachtsmann. Jedenfalls bringt er auch Geschenke. Nur gesehen hat ihn noch niemand. Ole und Malva sind, wie alle Kinder sehr neugierig. Sie wollen unbedingt den Julenisse erwischen. Er kommt, so sagt man, am Heilig Abend in die Scheune und hat großen Hunger. Stellt man dort einen Teller mit Reisbrei auf und er ist am nächsten Tag leer, war der Julenisse da. Aus Dankbarkeit bringt er dann Geschenke. Gibt es jedoch keinen Reisbrei, so gibt es auch keine Geschenke. Da kann der Julenisse sogar sehr böse werden.

Nun sind Ole und Malva clevere kleine Trollkinder, die sich so ihre eigenen Gedanken machen. Sie glauben nämlich, dass es sein kann, dass der Julenisse schon ein paar Tage früher in der Scheune ist. Da er ja viele Kinder zu beschenken hat und das an einem Tag gar nicht schaffen kann. Und so treffen sie sich drei Tage früher an der Scheune. Malva bringt einen Teller mit Reisbrei mit. Vorsichtig öffnen sie das Scheunentor. Ganz leise gehen sie hinein. Schnell stellen sie den Teller auf einen Strohballen und verschwinden genau so flink und leise, wie sie gekommen sind.

„Malva, jetzt bin ich aber gespannt auf morgen früh".

„Oh ja, und wie!"

Da beide Kinder die ganze Nacht vor Aufregung nicht schlafen können, treffen sie sich schon an der Scheune, als die Anderen im Dorf noch tief und fest schlummerten. Wieder öffnen sie leise das Tor und gehen auf Zehenspitzen zum Strohballen. Und siehe da, der Teller ist leer.

„Hab ich es mir doch gedacht", sagt Ole, „er ist schon hier."

„Meinst du wirklich?", fragt Malva und schaut sich ängstlich um. Da raschelt es in einer Ecke im Stroh. Malva und Ole zucken zusammen und laufen aus der Scheune. Draußen schimpft Ole: „Wir sind vielleicht zwei Angsthasen. Dabei hat er sich doch satt gegessen und ist ganz friedlich".

„Wir können es ja noch einmal versuchen", schlägt Malva vor.

„Das machen wir auch. Ich habe auch schon eine Idee, wie wir das am besten anstellen. Wir bleiben in der Nacht hier, verstecken uns hinter den Strohballen und beobachten ihn".

„Der Vorschlag ist super. So sehen wir ihn auf jeden Fall. Wir müssen nur etwas mutiger sein als gerade eben". Malva und Ole sind begeistert von ihrem Einfall und treffen sich am Abend wieder vor der Scheune. Malva bringt den Reisbrei mit, den sie auf den Strohballen stellen. Sie verstecken sich hinter den anderen Strohballen in einer Ecke. Nach einer Weile raschelt es wieder auf der anderen Seite und ein kleines Männlein tritt hervor.

„Das ist er", sagt Ole ein wenig ängstlich und Malva schlottern die Knie. Das Männlein hat eine rote Zipfelmütze auf dem Kopf, einen weißen Bart und trägt Kniebundhosen und einen Lodenmantel. So sieht der Julenisse aus. Er geht zu dem Teller und isst schmatzend den Reisbrei.

„Ah, das schmeckt gut. Und hier ist es schön warm. Ich möchte am liebsten hier bleiben. Aber ich muss weiter. Ich muss mein zu Hause finden, will ich doch Weihnachten daheim sein", seufzt

das Männlein traurig und ein paar dicke Tränen kullern über seine Wangen in den weißen Bart.
„Was redet der denn da?", fragt Ole.
„Ja, das hört sich komisch an", stellt Malva fest.
„Es klingt, als hätte er sich verlaufen".
„Der Julenisse verläuft sich nicht", stellt Ole fest.
„Stimmt, und schau mal genau hin. Er hat den Mantel aufgeknöpft und darunter trägt er ein kariertes Hemd und keinen Norwegenpullover. Das ist nicht der Julenisse. Aber wer dann?"
„Komm, wir fragen ihn einfach". Ole und Malva kommen hinter den Strohballen hervor und Ole spricht ihn an:
„Wer bist du denn?"
Als das Männlein die beiden Trollkinder sieht, erschrickt es sich sehr. Solche Wesen hat es noch nie gesehen, mit zerzausten Haaren auf dem Kopf, eine Knubbelnase, und ganz seltsam, einen langen Schwanz mit einem Haarbüschel am Ende. Muss er wohl Angst vor ihnen haben? Obwohl, böse sehen sie nicht aus. So antwortet er ihnen:
„Ich bin ein Zwerg und heiße Fridolin und habe mich wohl verlaufen. Es wurde am Tag immer früher dunkel. Nur ein paar Stunden war es noch hell. Der Herbst hatte schon das Laub von den Bäumen geweht. Es fiel Schnee und wurde immer

kälter. Da war ich froh, dass ich diese Scheune fand. Ich war sehr müde und habe gefroren. Hier drinnen ist es warm und das Stroh ist ein gutes Bett. Der Reisbrei hat meinen Hunger gestillt. Vielleicht könnt ihr mir ja sagen, wie ich am schnellsten nach Hause komme, denn morgen ist Heilig Abend und da kommt doch der Weihnachtsmann und bringt Geschenke".

„Der Weihnachtsmann?", fragt Malva ungläubig.

„Du meinst den Julenisse".

„Julenisse kenn ich nicht".

„Das ist der, der die Geschenke bringt. Für ihn haben wir den Reisbrei aufgestellt", mischt sich Ole ein.

„Genau das macht der Weihnachtsmann", sagt Fridolin bestimmt.

„Nein, der Julenisse!"

„Der Weihnachtsmann!"

„Der Julenisse!"

„Der Weihnachtsmann und den will ich suchen. Wisst Ihr, wir schreiben zu Hause immer unsere Wünsche auf einen Zettel. Den legen wir dann auf die Fensterbank und am nächsten Tag ist er verschwunden. Zu Weihnachten kommt dann der Weihnachtsmann und erfüllt viele unserer Wünsche. Die Geschenke liegen schön eingepackt unter dem Weihnachtsbaum. Man erzählt, der Weihnachtsmann wohnt ganz hoch oben im Norden. Von dort kommt er mit einem großen Schlitten, der von Rentieren gezogen wird. Ich will wissen, wo der Weihnachtsmann wohnt. Und so habe ich mich im Sommer aufgemacht, ihn zu suchen. Es war ein langer mühseliger Weg. Ich musste über ein sehr großes Wasser. Da hatte ich Glück. Es fahren Schiffe darüber, die Menschen befördern. Ich habe mich zwischen den Lebensmitteln, die für sie bestimmt waren, versteckt. So kam ich in eurem Land an. Seitdem laufe ich durch die vielen großen Wälder, immer Richtung Norden.

„Und woher weißt du, wo Norden ist?", fragt Malva.

„Ich habe einen Wanderstab in meiner Tasche, den ich nach den Himmelsrichtungen fragen kann. Aber wo der Weihnachtsmann wohnt, weiß er auch nicht."

„Das ist genau so ein Stab, wie mein Vater hat. Den haben wir bei uns gehabt, als wir im vergangenen Jahr zum Trollfjord gelaufen sind. Weißt du noch Malva?"

„Trollfjord?", fragt Fridolin, ist der sehr weit im Norden? Vielleicht wohnt da der Weihnachtsmann?"

„Weit im Norden schon", antwortet Ole. Aber da gibt es nur schlafende Trolle, die sehr böse werden, wenn man sie aufweckt".

„Also keine Spur von dem Weihnachtsmann und wie ich nach Hause komme weiß auch niemand". Über Fridolins Wangen rollen wieder dicke Tränen in seinen weißen Bart.

„Ich hab's", ruft Malva plötzlich. „Warum sind wir da nicht gleich drauf gekommen? Wir fragen Jonte, der weiß alles".

„Und wer ist Jonte?"

„Er ist unser bester Freund", antwortet Ole, „ein großer, alter, weiser Troll. Komm wir gehen zu ihm."

Jonte, der sich Fridolins Geschichte anhört, sagt:

„Das ist nicht ganz so einfach. Aber morgen kommt Mathilde in unser Dorf. Hoffen wir, dass sie ihre Kugel dabei hat."

„Sie kann doch nicht die riesige Kugel mit sich rumschleppen". Ungläubig sieht Ole Jonte an. Er und Malva waren im vergangenen Sommer bei ihr und erinnern sich noch gut an die Zauberkugel.

„Natürlich nicht", antwortet Jonte, „wenn sie unterwegs ist, zaubert sie sie so klein, dass sie in ihre Tasche passt."

„Wer ist diese Mathilde?", fragt Fridolin.

„Das ist unsere Trollhexe. Sie kann einfach alles", verkündete Malva.

„Du wirst sehen, sie hilft auch dir".

Bei dem Wort Hexe bekam Fridolin ein mulmiges Gefühl. In seinem Land Deutschland sind Hexen doch eher böse Wesen. Aber was soll er machen, er will nach Hause. Dem alten Jonte und den beiden Trollkindern vertraute er.

Am nächsten Tag erscheint nun die Trollhexe Mathilde in dem Dorf. Ole und Malva laufen schnell zu ihr. Sie erzählen die Geschichte, die sie am Vorabend in der Scheune erlebt haben.

„Kannst du dem armen Fridolin helfen?", fragt Malva.

„Das wird nicht einfach, aber ich will es versuchen".

In diesem Augenblick kommen auch Jonte und der Zwerg Fridolin, der bei Jonte geschlafen hat, dazu. Und auch die anderen Trolle. Sie erschrecken sich sehr. Fridolin sieht dem Julenisse aber auch zu ähnlich. Jonte erzählt ihnen Fridolins Geschichte und die Trolle haben nun Mitleid mit dem kleinen Kerl. Mathilde geht zu ihrem Schlitten, mit dem sie im Winter unterwegs ist. Sie kramt in ihrer großen Tasche und holt eine kleine Kugel, so groß wie ein Ball hervor. Sie stellt sie in den Schnee und unter ihren Händen wächst die Kugel. Schnell hat sie die Größe erreicht, in der sie Ole und Malva kennen. Die Kinder können nur staunen.

Mathilde spricht zu der Kugel: „Zeig mir, wo der Zwerg Fridolin wohnt. Ich möchte mit seinen Eltern sprechen." In der Kugel bewegt es sich und bald ist ein Wald zu sehen. Mitten darin stehen kleine Häuser, ähnlich wie im Trolldorf. Viele Zwerge sieht man dort beieinanderstehen. Ein Zwergenpaar ist sehr traurig. Die Frau weint leise vor sich hin.

Mathilde spricht durch die Kugel zu dem Zwergenpaar:

„Ich bin die Trollhexe Mathilde. Euer Sohn Fridolin ist in unseren Wäldern umhergeirrt. Die beiden Trollkinder Ole und Malva haben ihn in der Scheune unseres Dorfes gefunden. Durch meine Zauberkugel kann ich ihn zu Euch zurückschicken. Es würde nur zwei Tage dauern. Da heute Heilig Abend ist, schlage ich vor, er bleibt bei uns und feiert mit uns Trollen Weihnachten. Seid ihr damit einverstanden?"

„Mama, Papa", sagt Fridolin leise und zwei dicke Tränen fließen aus seinen Augen in den weißen Bart. Aber diesmal vor Freude.

„Es wird alles gut, Fridolin", antwortet nun der Vater und zu Mathilde gewannt: „Wir sind einverstanden und bedanken uns herzlich für eure Hilfe. Wir wünschen euch frohe Weihnachten".

„Frohe Weihnachten", rufen da die Trolle. Die Kugel erlischt und wird wieder klein. So erlebt der kleine Zwerg Fridolin aus Deutschland Weihnachten bei seinen neuen Freunden in Norwegen.

Am Abend bringen die Trollkinder und Fridolin einen Teller mit Reisbrei in die Scheune. Am nächsten Morgen liegen tatsächlich Geschenke unter dem Weihnachtsbaum. Auch für Fridolin.

„Arbeiten Julenisse und der Weihnachtsmann etwa zusammen?", fragen die Kinder. Das aber wird ein Geheimnis bleiben. Das Weihnachtsessen schmeckt Fridolin sehr gut. Er ist nur ein klein bisschen traurig, weil es ja das Fleisch von Rentier Rudolfs Verwandten ist. Zum Schluss singen alle ein paar Weihnachtslieder, norwegische natürlich. Das letzte Lied aber ist „Stille Nacht". Es schallt durch das Trolldorf und eine einzige Stimme ist deutlich herauszuhören.

Zwei Tage später stellt die Trollhexe Mathilde ihre Kugel auf. Fridolin verabschiedet sich von allen, besonders aber von Ole und Malva. Er lädt sie ein, im nächsten Jahr bei ihm zu Hause Weihnachten zu feiern.
„Und dann mit dem Weihnachtsmann!"
Mathilde setzt ihn auf die Kugel und spricht: „Geh Heim, Fridolin". Und der kleine Zwerg verschwindet in der Kugel.

Der Weihnachtskarpfen
- Carsten Wunn -

Diese Geschichte ist eine ganz besondere Geschichte. Sie handelt davon, wie meine Familie meine Freunde und ich einmal den wahren Geist der Weihnacht erfuhren und beginnt an einem verregneten Morgen Anfang November

An diesem Morgen hatte sich meine Partnerin, Inkompetentia Becker entschieden, zum Weihnachtsfest ein ganz besonderes Essen zu bieten. Sie plante traditionell sehr frühzeitig wenn eine Festivität anstand. Das hielt den Druck in Grenzen, denn wirklich flexibel war sie nicht.

Kurz nachdem sie die Wohnung zum Einkaufen verlassen hatte, lief ihr im Treppenhaus zufällig Frau Neumeier aus der Nachbarwohnung über den Weg. Frau Neumeier war völlig aufgelöst. Sie hatte sich mit ihrem Mann gestritten. Diese Tatsache war Inkompetentia dank der dünnen Wände bereits bekannt. Doch sie war schlau und sensibel genug, sich dieses nicht anmerken zu lassen.

Es ging um Konrad. Konrad war der übergewichtige Karpfen, der seit Monaten bei Neumeiers in der Badewanne lebte. Genauso, wie bei uns einst der Piranha Paul, der aber inzwischen und zum Glück über ein eigenes Aquarium verfügte. Paul war der einzige Piranha weltweit, der sich zum Vegetariertum bekannte und auch so handelte. Das wussten wir deshalb, weil ich ihm irgendwann einmal beigebracht hatte, Luftblasen nach dem Morsealphabet aufwärts steigen zu lassen und auf diese Art mit mir zu kommunizieren. So konnte ich auch das in Erfahrung bringen.

Aber zurück zu Konrad und Frau Neumeier. Seit Ewigkeiten wurde die Badewanne allein von dem Karpfen genutzt, den Herr Neumeier einmal bei einem Skat- Turnier gewonnen hatte. Sie hatten ihn provisorisch dort untergebracht und wussten jetzt nicht mehr wohin mit ihm. Wenn sie einmal gründlich duschen wollten, gingen sie ins Schwimmbad, denn in der Badewanne befand sich auch die Duschvorrichtung. In punkto waschen waren ihnen also alle Fahrkarten gezogen. Deshalb hing der Haussegen schon seit einiger Zeit schief, doch jetzt war es zum Eklat gekommen. Frau Neumeier drohte mit Auszug, falls Konrad nicht entfernt würde.

Dazu sollte erwähnt werden, dass Konrad seinen Namen erst erhalten hatte, nachdem klar war, dass er nicht gegessen, sondern als Haustier gehalten werden sollte. Neumeiers hatten ihn nach einem Ex-Schwager von ihr benannt, der unter Schuppenbefall gelitten hatte. Also eine kleine Gemeinheit ihm gegenüber, aber für den Karpfen bedeutete dies das Recht auf körperliche Unversehrtheit. So war die Marschrichtung klar. Wenn Konrad weg sollte, dann lebend.

Und Inkompetentia?

Die hatte eine Idee: Neumeiers konnten Konrad nicht mehr gebrauchen, aber sie brauchte ein Weihnachtsessen. Warum also keinen Karpfen?

In diesem Fall war sein Übergewicht also eher von Vorteil, wenn auch nicht von seinem Eigenem.

Ohne mich zu fragen - was ich an dieser Stelle ganz besonders betonen möchte - kaufte sie Konrad unseren Nachbarn ab und war dabei clever genug, ihr Vorhaben nicht zu erwähnen. Die wollten das alles auch gar nicht so genau wissen. Sie quartierte ihn kurzerhand im

Aquarium ein, wo neben Paul seit Kurzem auch der Putzerfisch Theo lebte.

Paul freute sich sehr, denn er und der Weihnachtskarpfen in spe kannten sich. Früher hatte ich hin und wieder einige Fische aus der Nachbarschaft nach einer kurzen Unterweisung im Morsen, in seine damals noch als Unterkunft aktuelle Badewanne gebracht, damit sie Unterwasserpolo oder Tiefseebahnengolf spielen konnten. Letzteres war mit Sicherheit in einer Badewanne nur dann möglich, wenn man seinen kompletten Verstand ausschaltete. Für meine schuppigen Freunde eine ihrer leichtesten Übungen. Konrad war einer von ihnen gewesen, auch wenn er beide Sportarten erbärmlich ausübte und mehr durch per Luftblase abgeschickte Verbalattacken gegenüber mir, dem Schiedsrichter auffiel, als durch überzeugende Spielaktionen.

Paul freute sich vor allem deshalb so sehr weil er nicht wusste, was Inkompetentia mit seinem Freund vorhatte. Und weil ihm nicht klar war, wie erdrückend sich die Enge im Aquarium auswirken würde. Wie gesagt, Konrad war übergewichtig. Wobei das größte Problem der Putzerfisch Theo darstellte. Er nervte, weil er immer da putzen wollte, wo sich die anderen gerade aufhielten und so richtig viel Platz zum Ausweichen gab es nicht. Außerdem prahlte er oft mit seinem - zugegebenermaßen eindrucksvollen - Allgemeinwissen und hielt zusätzlich mich auf Trab, denn er hatte ein besonderes Hobby: als Superhirn liebte er es, Wurzeln zu ziehen. Nur im Kopf, ganz ohne Taschenrechner. Mein Job war es, ihm Aufgaben zu stellen, damit er sich profilieren konnte. Ich sagte zum Beispiel: „Siebte Wurzel aus 412." Dann morste er blitzschnell das Ergebnis (in diesem Fall 2,3635), notfalls bis zur neunten Stelle hinter dem Komma und erwartete Beifall, den zumindest ich pflichtbewusst spendete. Nachprüfen konnte ich das Ergebnis sowieso nicht. Meine Schulzeit war doch schon sehr lange her und außerdem war mein Taschenrechner mehr als veraltet und verfügte noch nicht einmal über eine Wurzelfunktion. Bislang hatte ich diese allerdings auch nicht vermisst.

Wir hassten Theo, aber er säuberte eben auch das Aquarium. Dafür schieden Paul und Konrad aus. Sie eigneten sich eher als Verschmutzer.

Trotz der Enge und der allgemein sehr speziellen Situation war es doch schön mit anzusehen, wie gut sich Paul und Konrad verstanden. Sie waren absolut auf einer Wellenlänge. Gemeinsam spielten sie dem Besserwisser Theo Streiche und wählten mit ihrer wasserdichten, mit dem Maul bedienbaren Fernseh-Fernbedienung bewusst nur Kanäle, auf denen gerade vollständig schwachsinnige Sendungen wie „Die Super-Checker" oder „Frauentausch" liefen. Manchmal schalteten sie auch Verkaufssender ein, wo Putzmittel angepriesen wurden, die Theo mangels Kreditkarte nicht bestellen konnte. Wehren konnte er sich nicht, da er zumindest Konrad körperlich unterlegen war und ihn Pauls scharfe Zähne schon rein optisch ernsthaft beeindruckten. Dieser benutzte sie zwar nicht, aber man wusste ja nie...

Mir wuchs der adipöse Karpfen mit der Zeit so ans Herz, dass ich ihm sogar das „Du" anbot. Umso mehr schmerzte es daran zu denken, was an Weihnachten passieren würde. Ich versuchte alles um die Katastrophe zu verhindern, doch Inkompetentia blieb hart. Wie ich anfangs angedeutet habe, war sie nicht wirklich flexibel und ihre Sensibilität reichte zwar für den Umgang mit Neumeiers, aber nicht für die Änderung der Speisekarte zu Weihnachten. Selbst mein Versuch, Konrad heimlich auf Diät zu setzen, um ihn für Inkompetentia weniger interessant zu machen, verpuffte. Sie bemerkte den Gewichtsunterschied gar nicht.

Der November ging zu Ende und es kam die Adventszeit. Mir wurde immer mulmiger, je näher der Tag kam, je besser sich die Beiden verstanden, nein, eigentlich die Drei, denn Theo gehörte durchaus mit dazu. Das kristallisierte sich immer mehr heraus. Auch er verhinderte Langeweile, eben als Störfaktor über den man sich lustig machen konnte. Das war seine Rolle in der Enge des Aquariums und er leistete so seinen Beitrag zur Verhinderung eines Lagerkollers. Das alles funktionierte aber nur, weil Inkompetentia und ich dicht hielten und nichts von ihren Weihnachtsplanungen erzählten. Auch wenn mich mein schlechtes Gewissen fast umbrachte, denn ich wollte Konrad nicht verlieren! Ich mochte ihn, nichts widerstrebte mir mehr als der Gedanke ihn zu töten, auszuweiden und zu filetieren, wie es meine Frau von mir verlangte. Ich töte grundsätzlich keine Freunde, von essen ganz zu schweigen und mir wurde immer klarer, dass Konrad mein Freund war, genau wie Paul oder der Grottenolm Horst, der uns zu Weihnachten besuchen würde. Auf jeden Fall hatten wir ihn eingeladen. Mit der Ankündigung eines prächtigen Überraschungsmenüs.

Und irgendwann war Heiligabend.
Schon direkt nach dem Aufwachen, noch im Bett liegend, fasste ich mir ein Herz.
„Schatz", sagte ich, „das kann ich nicht!"
„Was kannst du nicht?"
„Konrad töten."
„Er ist nur ein Fisch und außerdem habe ich Frau Neumeier 20 Euro für ihn bezahlt! Du musst!"
„Wir könnten doch etwas anderes essen. Ich habe vorhin chinesische Gemüsepfanne im Gefrierfach entdeckt."
Jetzt wurde sie langsam böse.
„Bist du wahnsinnig geworden? Gemüsepfanne zu Weihnachten ist mein gesellschaftlicher Tod. Horst wird uns nie mehr besuchen. Zu Recht!"

Ich merkte, dass es keinen Sinn hatte und verließ erst das Bett und dann den Raum.

Was ich damals nicht wusste:
Zur selben Zeit geschah unweit unserer Wohnung in Hannover etwas äußerst Ungewöhnliches. Wie aus dem Nichts erschien in der Eilenriede, nahe dem Messeschnellweg, eine Figur leibhaftig, die eigentlich in den 1930er Jahren von einem amerikanischen Getränkekonzern erfunden wurde: Santa Claus, der Weihnachtsmann samt Schlitten, gezogen von seinem Rentier, das überraschenderweise rote Ohrenschützer trug. Beide hatten es augenscheinlich sehr eilig.

Ich dagegen sah mich gezwungen, etwas Schreckliches zu tun und holte, nicht ganz mühelos, den heftig zappelnden Karpfen aus dem Aquarium. Ich legte ihn vor mir auf den Küchentisch, der mit einer Zeitung abgedeckt war.
„Konrad", sagte ich laut, „verzeih mir" und hob mein Messer, um ihn zuerst mit einem Schlag auf den Kopf zu betäuben, während sich dieser weiterhin heftig bewegte und mich seine offenen Augen nicht nur scheinbar vorwurfsvoll

anglotzten. Da war ich sicher. Mir brach es das Herz, doch ich musste es tun. Jetzt. Inkompetentia wollte es so. Und was sie wollte war Gesetz. Zumindest an Weihnachten. Das war schon immer so gewesen.

Gerade als ich zuschlagen wollte, klopfte es an der Tür. Geistesgegenwärtig schnappte ich mir den weiterhin zappelnden Konrad und warf ihn zurück ins Aquarium. Dann verließ ich den Raum Richtung Flur und öffnete dort angekommen dieselbe.

„Ho, ho, ho", sagte die riesige, rot gewandete Gestalt, die vor mir stand, „ich habe Geschenke für Paul, Konrad und Theo."

Dann überreichte er mir eine Tüte mit der Aufschrift „Paul", einen Briefumschlag, auf dem „Theo" stand und ein riesiges Paket, das für Konrad bestimmt war. Es war so sperrig, dass ich mit zum Schlitten kommen musste um es dann gemeinsam mit Santa Claus herein zu tragen. Dort erblickte ich die Ohrenschützer seines Rentiers.

„Warum trägt es die?" fragte ich.

„Mittelohrentzündung", antwortete der Weihnachtsmann knapp, „da wo wir herkommen, ist es ganz schön kalt."

Das befriedigte meine Neugier und ich wandte mich wieder wichtigeren Dingen zu.

Ich verabschiedete die beiden Weihnachtsboten und überzeugte kurz darauf Inkompetentia davon, Konrad leben zu lassen. Wer so ein großes Geschenk bekam, der musste einfach das Fest überleben. Wenn sogar der Weihnachtsmann das wollte, dann gab es keine Argumente dagegen. Das war auch ihr klar. Es war einfach Bestimmung.

Gegen Abend reiste der Grottenolm Horst aus dem Sauerland an, wo er seine Eltern besucht hatte und wir bauten die Geschenke auf dem Gabentisch auf. Zu weihnachtlicher Musik von den „Toten Hosen" öffneten wir unsere Geschenke. Während ich Inkompetentia Ohrringe und sie mir eine Riesenpackung Wollsocken geschenkt hatte, erhielt Horst von uns eine neue Baseballmütze und einen handgestrickten Skateboardschoner. Er war ein leidenschaftlicher Skater und hatte sein Brett auch heute dabei.

Doch so richtig gespannt waren wir auf die Geschenke des Weihnachtsmanns für unsere schuppigen Mitbewohner. Während Paul eine Riesentüte japanischen getrockneten Seetangs bekam, der im Übrigen deutlich besser schmeckt, als es sich anhört, entpuppte sich der Brief für Theo als Bestätigung eines Stipendiums zum Studium der Mathematik an der Fernuni Hagen. Gleichzeitig wurde ich verpflichtet, ihn zu Seminaren zu begleiten an denen Anwesenheitspflicht bestand. Er war ja auf sein Ausgehwasserglas oder Ähnliches angewiesen. Santa Claus schrieb, das sei ich ihm schuldig, er hätte doch sehr unter der Situation gelitten. Konrad und Paul waren in der langen Zeit zu dritt oftmals nicht wirklich wählerisch mit ihren Späßen gewesen.

Zum guten Schluss öffnete ich für Konrad sein Riesengeschenk. Es war ein Aquarium, in dem er nicht nur bequem leben, sondern auch Besuch empfangen konnte, was zumindest Paul sicher nutzen würde.

Konrad kam aus dem Morsen gar nicht mehr heraus, so begeistert war er. Von seinem Überlebenskampf hatte er sich inzwischen auch einigermaßen erholt.

Und als wir nach dem Abendessen, das aus Röstkartoffeln mit Roter Bete bestand, die Aquarien auf den Tisch stellten und unsere drei

Fische mit in lange in der Nacht geübter Choreographie „Ihr Kinderlein kommet", „Oh,Tannenbaum" sowie „Jingle Bells" morsten und dazu einen fantastischen Unterwassertanz aufführten, da wusste auch Inkompentia, dass wir etwas richtig gemacht hatten.

Weihnacht mit Elchkuh
- eine gegen Ende dann doch noch ganz schön besinnliche Geschichte -
- Carsten Wunn -

Heiligabend. Der 24. Dezember. Dieses Jahr feiern wir zu dritt und das, obwohl meine Partnerin Inkompentientia Becker dieses Weihnachtsfest auf Gran Canaria verbringt. Ihr ist Sonne wichtiger als besinnliche Stimmung. Ich dagegen bleibe in Hagen, der Westfalenmetropole am Volme-Ufer. Schon wegen Klaus-Kevin. Unser kleiner, blauer, geflügelter Kater zieht Bratäpfel, Maronen und gebrannte Mandeln einem kühlen Cocktail oder einem Banana Split in dieser Zeit des Jahres vor. Da ist er ganz konservativ. Auch eine gewisse Kälte schätzt er jetzt sehr. Obwohl, 15 Grad plus (wohlgemerkt) auch nicht mehr so ganz das sind, was früher hier so an Temperaturen herrschte. Bei Inkompetentia wird es in Wirklichkeit kaum wärmer sein. Das nehme ich jedenfalls an, denn die Wetternachrichten habe ich mir auch heute wieder nicht angeschaut.

Trotzdem sind wir auch ohne sie drei Personen, denn wir haben Besuch. Besuch von Frida, der sympathischen, aber durchaus ein wenig verwirrten Au-Pair-Elchkuh von Familie Liebstöckel, unseren Nachbarn aus dem zweiten Stock. Sie feiern in Soest bei ihren Eltern. Mit den Haustieren, die für gewöhnlich von Frida betreut werden, dem Kater Ladislav und seiner Schwester Natascha. Für die Elchkuh war im Auto kein Platz mehr. Angehörige ihrer Spezies sind nicht gerade klein, man könnte ihren Körperbau fast schon als ein wenig sperrig bezeichnen. Aber das tue ich nicht, das wäre uncharmant.

Unser heutiger Gast-gewandet in eine blaue Latzhose und mit einer Blume hinter dem rechten Ohr geschmückt-hat braune, etwas traurig wirkende Kuhaugen, die trotzdem offen in die Welt blicken. Das ist nicht selbstverständlich, wenn man ihr Schicksal bedenkt.

Frida ist Knäckebrotphobikerin. Das hat mir Frau Liebstöckel im Vertrauen erzählt.

Das heißt, Frida hat panische Angst vor dieser, vor allem in ihrer schwedischen Heimat weit verbreiteten Backware. Auch, wenn sie nur auf Bildern zu sehen ist. Am besten man spricht in ihrer Gegenwart gar nicht über dieses Thema. Jedenfalls nicht, wenn man möchte, dass sie sich wohlfühlt. Und das möchte ich. Doch gerade das

Wissen um diese Empfindlichkeit von ihr macht es mir besonders schwer. Ich habe mir einen Zettel in die Hosentasche gesteckt.

„Nicht über Knäckebrot sprechen" steht da in ungefähr 23facher Wiederholung drauf. Das Wort „nicht" habe ich jedes Mal dick unterstrichen. Frida kann uns sehr gut auch auf Deutsch verstehen. Obwohl sie erst ein halbes Jahr in Hagen ist, spricht sie unsere Landessprache bereits fließend, sogar mit einem ganz leichten, sympathischen westfälischen Akzent.

Ich reiche Christstollen, den Klaus-Kevin mit glänzenden, hellblauen Augen empfängt. Auch Frida nimmt ein Stück. Akkurat und überraschend geschickt zerteilt sie das Gebäckstück mit der kleinen Gabel, die sie im rechten Vorderhuf hält. Dazu trinken beide heiße Schokolade und ich einen Glühwein.

Die Zeit bis zur Bescherung vergeht nur langsam. Irgendwann wird es doch noch acht Uhr. Ich mache erste Anstalten, beide hinauszuschicken, um ungestört ihre Geschenke und die bunten Teller auf dem Wohnzimmertisch verteilen zu können. Eine Glocke für Frida und einen neuartigen Hobel für Klaus-Kevin, der, einst als unverbesserlicher Grobmotoriker abgestempelt, heute in der Lage ist, die feinsten handwerklichen Arbeiten auszuführen , was er auch mit Vorliebe tut.

Gerade will ich sie in die Küche hinauskomplimentieren, da ertönt ein lauter Knall und ein nicht ganz unpenetranter Zimtgeruch breitet sich in Windeseile in unserer Wohnung aus. Gleichzeitig steigt eine Rauchwolke zwischen Tisch und Sofa auf. Als der Rauch verschwunden ist, steht ein kleines Männlein mit, im Verhältnis zum übrigen Körper, völlig überdimensioniertem Kopf auf den Schultern im Raum.

„Frohe Weihnachten" sagt das Männlein fröhlich, und dann: „Gestatten, Edelbert!"
„Wer bist du?", frage ich, schon ein wenig schockiert.
„Das sagte ich doch bereits: Edelbert!"
Hörte ich da etwa eine gewisse Ungeduld in seiner Stimme?

„Okay", antworte ich betont ruhig, „Edelbert also! Und was machst du hier in meinem Wohnzimmer so in etwa?"

Der kleine schlägt sich mit der Hand vor die auffällig flache Stirn.

„Entschuldige, daran habe ich gar nicht gedacht. Habt ihr etwa noch nie von mir gehört?"

„Nein", rufen wir jetzt zu dritt und unisono.

„Ich bin der offizielle Weihnachtsgnom des Landschaftsverbandes Westfalen-Lippe. Ihr habt also die Ehre mich empfangen zu dürfen und drei Wünsche frei. Insgesamt natürlich. Also für jeden einen."

„Warum kommst du ausgerechnet zu uns?" fragt Klaus-Kevin und ich nicke. Das habe ich mir gerade auch überlegt.

Der Kleine druckst ein bisschen herum und nestelt an seinem grasgrünen mit pinkfarbenen Buchstaben bedruckten T-Shirt, auf dem irritierenderweise steht: „LWL- go to hell! LVR- mag ich mehr!"

„Reim dich, oder ich fresse dich", denke ich bei mir. Doch ich sage nichts.

„Verlorene Wette!" Edelbert hat jetzt seine Stimme erhoben, „ Mit meinem Kollegen vom Landschaftsverband Rheinland. Deshalb auch das T-Shirt. Das muss ich das ganze Fest über tragen und Heiligabend mit den größten Trantüten der Region feiern".

Er nestelt weiter.

„So sind wir auf euch gekommen. Oder besser gesagt, mein Kollege ist darauf gekommen. Super! Danke nochmal!"

Er schaut in Richtung Zimmerdecke.
Dann scheint er sich wieder ein wenig zu fangen.

„Okay", sagt Edelbert und schlägt die Hände zusammen: „Dann also zu euren Wünschen…"
„Stopp, stopp, stopp", sage ich bestimmt, „jetzt werde ich erst einmal Frida und Klaus-Kevin bescheren. Du setzt dich jetzt auf das Sofa. Nimm dir einen Lebkuchen. Dann bist du beschäftigt!"

Der Gnom setzt sich folgsam und wohl auch ein wenig von meiner bestimmten Art überrascht, auf die Couch. Neben ihr steht der Weihnachtsbaum. Er ist extrem mit Lametta überfrachtet. Klaus-Kevin hat ihn dieses Jahr schmücken dürfen.

Edelbert knackt sich eine Walnuss, während ich die bunten Teller zusammenstelle. Drei Stück. Für jeden einen, auch für ihn. Soviel Höflichkeit muss sein.

Der Gast schaut sich um.

„Du könntest dir eine neue Wohnzimmereinrichtung wünschen!" sagt er, „ wäre nötig!"
„Werd` nicht frech", antworte ich, „meine Frau bringt mich um, wenn wir hier alles umkrempeln. Du bist später dran".

Edelbert murrt ein wenig, doch er gibt klein bei und beschäftigt sich wieder mit seinen Nüssen.

Ich dekoriere den Tisch und lege die Geschenke neben die bunten Teller. Dazu schalte ich den CD-Player an und lege Weihnachtsmusik ein.

„Ihr Kinderlein kommet", erschallt es und ich rufe die Beiden aus der Küche hinein.

Aufgeregt wie kleine Kinder treten sie durch die Tür. Klaus-Kevin hat seine Blockflöte dabei, während Frida eine Triangel zwischen den Vorderhufen hält.

Edelbert gähnt.

„Meine Herren! Ihr seid ja noch langweiliger, als ich dachte!"

Nachdem der kleine Kater mehr schlecht als recht ein paar Weihnachtslieder in die Flöte gepustet hat, klatschen wir pflichtbewusst, aber doch stürmisch Beifall. Manchmal zählt eben vor allem der gute Wille. Als Frida die Stimme erhebt, befürchte ich Ähnliches. Doch es kommt anders: nur von der Triangel begleitet, erhebt sie ihre glockenhelle Stimme und singt ein schwedisches Weihnachtslied nach dem anderen. Wir sind alle begeistert. Selbst der Gnom schaut ungläubig auf die musizierende Elchkuh und wippt sogar ein wenig im Takt mit.

„Eigentlich könnte es jetzt besinnlich werden", denke ich.

Doch dazu ist der unangenehme Zimtgeruch zu stark. Nachdem wieder alle geklatscht haben, öffne ich das Fenster.

„Wo kommt eigentlich dein Geruch her? Muss der unbedingt sein?" frage ich Edelbert.

„Ach, das ist nur mein Weihnachtsaftershave. ‚White Cinnamon` von Davidoff. Ist das zu stark? Dann muss wohl irgendwas mit der Dosierung schiefgelaufen sein", antwortet er.

Nach einiger Zeit schließe ich das Fenster wieder. Jetzt kann die eigentliche Bescherung beginnen. Klaus- Kevin und Frida freuen sich sehr über ihre Geschenke. Auch ich nehme meine gerne in Empfang. Der kleine Kater hat eine Figur gedrechselt, die mich darstellen soll. Das erkenne ich sofort. Frida schenkt mir ein kunstvoll verpacktes Paket Spekulatius und ich bedanke mich herzlich bei beiden.

Der Gnom sitzt bereits in den Startlöchern. Das ist nicht zu übersehen. Doch so ganz sagt mir der Zeitpunkt seines Eingreifens noch nicht zu. Es gilt schließlich, alte Traditionen aufrecht zu erhalten. Dazu gehört auch eine gewisse Reihenfolge. Er ist außer der Reihe zu uns gestoßen und hat sich an die hier geltenden Regeln zu halten. Jedenfalls sehe ich das so.

„Jetzt hören wir das Weihnachtsoratorium", sage ich, während alle anderen schon unruhig auf ihren Plätzen hin und her rutschen, „Frida nimm dir einen Lebkuchen!" will ich sagen, doch ich sage „Knäckebrot." Peinlich! Ich spüre, wie mir das Blut ins Gesicht schießt.

„Sorry!", stammele ich.

„Kein Problem!", antwortet die Angesprochene für mich überraschend souverän, „ aber ich esse doch lieber noch etwas Spekulatius".

Ich atme durch. Puuh, damit wäre diese Situation überstanden! Vielleicht sollte ich jetzt den Gnom zum Zuge kommen lassen. Das wäre mal ein ganz anderes Thema. Dann hätte er das Heft in der Hand und vielleicht müsste ich nicht immer an Knäckebrot denken.

Ich gebe Edelbert das Wort. Er nimmt die Wünsche von Klaus-Kevin und mir an und erfüllt sie sofort. Ich bekomme einen Radiorecorder und der blaue Kater ein Spielzeugfeuerwehrauto. Natürlich mit echter Sirene. Das habe ich leider nicht mehr verhindern können. Dazu war der Wunsch zu schnell erfüllt. Erstaunlich, was der kleine Gnom in so kurzer Zeit zu leisten in der Lage ist.

Jetzt ist Frida dran. Sie setzt sich gerade auf, legt die Vorderhufe auf ihren Schoß und sagt mit fester Stimme: „Ich nehme an, ihr wisst sowieso Bescheid. Ich will von meiner Knäckebrotphobie befreit werden!"

Edelbert stöhnt auf und schaut dann auf die Uhr, die an seinem rechten Handgelenk prangt.

„Das ist kein leichter Wunsch", sagt er mit leicht genervter Stimme, „ so etwas muss therapeutisch behandelt werden!"

Doch dann gibt er sich sichtbar einen Ruck. Sein ganzer, kleiner, unförmiger, Gnomkörper spannt sich.

„Okay", sagt er, sichtlich mit sich ringend, „aber du hast Glück! Seit letzter Woche bin ich ausgebildeter Ultrakurzzeitintensivtherapeut. Den Kurs habe ich gerade beendet".

Er reckt sich stolz und setzt hinzu: „Und mit summa cum laude abgeschlossen. Ich könnte dir helfen".

Frida freut sich und ich verfrachte die Beiden in unser Gästezimmer, wo sie ungestört sind. Klaus-Kevin und ich probieren erst einmal unsere Geschenke aus, bevor wir uns hinsetzen, Weihnachtslieder hören und den Abend ganz besinnlich ausklingen lassen. Nur manchmal hört man lautes Reden, auch mal ein lautes Schluchzen der Elchkuh aus dem Gästezimmer, doch wir lassen uns nicht beirren und drehen lediglich die Musik lauter. Sie ist ja in Begleitung.

Am nächsten Morgen stehe ich früh auf. Während ich noch beim Frühstück sitze, erscheinen plötzlich Edelbert und Frida in der Küche. Er sieht völlig übernächtigt aus und auf seiner flachen Stirn steht der Schweiß. Frida dagegen wirkt glücklich und nur ein bisschen erschöpft. Sie hat eine Packung Sesam-Knäckebrot im rechten Vorderhuf, öffnet sie und schiebt sich eine Scheibe daraus ins Maul. Sie kaut und lächelt dabei.
Der Therapeut im Gnomgewand verabschiedet sich noch kurz mit den Worten: „Ich muss weg!"
Dann macht es plopp - viel leiser als bei seiner Ankunft - und er ist verschwunden.
Zurück bleiben eine zufriedene Elchkuh und ein mehr als penetranter Zimtgeruch. Der wird uns wohl noch eine ganze Zeitlang begleiten.

Ein Engel in der Nacht
- Frank Siebel -

In der Nacht vor Heiligabend hatte Felix einen seltsamen Traum: Nur mit einer Badehose bekleidet, ging er durch einen Dschungel. Die hohen Bäume standen dicht an dicht, und von überall her hörte er die Rufe der Vögel, und das Kreischen der Affen, die sich durch die Wipfel schwangen. Felix war allein, aber er fühlte sich überhaupt nicht in Gefahr. Im Gegenteil! Er war in guter Stimmung, und er pfiff ein fröhliches Lied. Nun konnte er sich nicht mehr daran erinnern, wie das Liedchen hieß, aber die Melodie war heiter und beschwingt, und da es Felix ebenso ging, war sie ihm einfach so in den Sinn gekommen.

Der Dschungel wurde immer undurchdringlicher und dunkler. Pflanzen und Bäume bildeten ein undurchdringliches Hindernis, so dass er sich mit beiden Händen einen Weg hindurch bahnen musste. Aber auch dies trübte seine gute Laune nicht, und er war neugierig, was ihn beim nächsten Schritt erwartete. Doch plötzlich endete der Wald, und vor ihm tat sich eine weite Lichtung auf; und auf der Lichtung stand eine junge Löwin: Ein wunderschönes Tier, dessen sandfarbenes Fell in der Sonne glänzte. Ganz allein stand die Löwin da, und es schien Felix, als hätte sie auf ihn gewartet.

Ohne Furcht marschierte er geradewegs auf die Raubkatze zu, und als er vor ihr stand, begrüßte er sie mit einem freundlichem „Hallo".

„Hallo Felix", erwiderte die Löwin, und ihre Stimme hörte sich – welch ein Zufall! - genauso an, wie die von Julia, einem Mädchen aus seiner Klasse, in die Felix schon lange heimlich verliebt war. „Eine schöne Melodie hast du da gepfiffen", sagte die Löwin, die, so fiel es Felix jetzt auf, auch Julias Augenfarbe hatte: graublau. „Wie heißt dieses Lied?"

„Ich weiß es nicht", antwortete Felix, „aber wenn du möchtest, bringe ich es dir bei."

„Das wäre schön", sagte die Löwin, und es dauerte nicht lange, bis auch sie die Melodie konnte, und - nunmehr gemeinsam - setzten sie fröhlich pfeifend die Reise durch den Urwald fort.

Doch kaum hatten sie sich in das grüne Dickicht begeben, als sich der Himmel verfinsterte und es in Strömen anfing zu regnen.

„Jetzt werden wir ganz nass", klagte Felix, doch die Löwin lächelte und holte einen roten Regenschirm aus ihrem Fell hervor. „Keine Sorge", beruhigte sie Felix, „ich habe an alles gedacht. Ich habe auch noch ein paar Hot Dogs und 'ne Cola dabei."

Felix nahm den Schirm und spannte ihn auf. „Danke, das ist sehr nett von dir."

„So bin ich eben", lächelte die Löwin, und in diesem Moment wachte Felix auf. Das Geräusch des prasselnden Regens in seinem Traum hatte ihn in die Realität verholfen, in der er, wie Felix jetzt merkte, ganz dringend auf die Toilette musste.

Es war dunkel, aber Felix machte kein Licht. Sein Zimmer war nicht sehr groß, und er wusste, wo alles stand: Der kleine Nachttisch neben seinem Bett, der Schreibtisch, die Bücherregale an der Wand, der Kleiderschrank da drüben in der Ecke. Schlaftrunken schlug Felix die Bettdecke zurück. Er stand auf, und schlurfte durch das Zimmer. Er öffnete leise die Tür und trat auf den Flur. Felix lauschte. Kein Laut war zu hören. Seine Eltern schliefen unten im Erdgeschoss, und seine Schwester übernachtete mal wieder bei ihrem Freund, also hatte Felix die obere Etage heute Nacht für sich.

Das Badezimmer lag genau neben seinem kleinen Reich, und so dauerte es kaum eine Minute, bis er - nun deutlich erleichtert - wieder dorthin zurückkehrte. Felix ging, immer noch todmüde, an seinem Schreibtisch vorbei, nahm kurz die fahle Sichel des Mondes wahr, die durch das Fenster schien, bemerkte nebenbei das Mädchen, das auf seinem Drehstuhl saß, und ihn ansah, hörte das Röhren eines schnell fahrenden Motorrads, das über die Landstraße jagte, welche in großer Entfernung an ihrem Haus entlang führte. Wie eine fallende Statue ließ sich Felix der Länge nach zurück in sein Bett fallen. Er kuschelte sich in seine Bettdecke, gähnte und schmiegte Arme und Beine wie ein Fötus im Mutterleib an seinen Körper. Dann schloss Felix die Augen, und augenblicklich erschien in seinen Gedanken die wunderschöne Löwin aus seinem Traum; die, mit Julias Stimme, und wer weiß? Vielleicht würde er ja wieder von ihr träumen, wenn er sich das ganz fest wünschte. Immerhin war morgen Heiligabend, und an Heiligabend werden doch alle Wünsche erfüllt.

Felix riss die Augen auf. Verdammt nochmal, was …! In der nächsten Sekunde hatte er sich im Bett herumgeworfen, und mit einem Schlag seiner Hand die schmale Leselampe auf dem Nachttisch zum Leuchten gebracht. Deren Licht erfüllte natürlich nicht das ganze Zimmer, aber das, was Felix sah reichte, um sein Herz rasen zu lassen. Da war wirklich ein Mädchen. In seinem Zimmer! Es war etwas älter als er, also so fünfzehn oder sechzehn, und es saß an seinem Schreibtisch und starrte ihn an. Und bevor sich Felix irgendeinen Reim darauf machen konnte, was ein ihm völlig unbekanntes Mädchen hier - quasi in Reichweite seines Bettes, und das mitten in der Nacht - zu suchen hatte, sagte es: „Na endlich. Das wurde auch Zeit."

Felix saß jetzt kerzengerade in seinem Bett. Die Bettdecke hatte er bis zum Kinn gezogen.

Das Mädchen stieß sich mit den Füßen leicht vom Boden ab, und da Felix' Schreibtischstuhl Rollen an den Beinen hatte, glitt sie schwungvoll über das hellbraune Parkett. Kurz darauf tauchte sie neben Felix' Bettkasten auf, und obwohl das Mädchen wirklich hübsch war – braunes, lockiges Haar, blaue Augen –, rückte er fassungslos von ihr ab. „Was, zum Teufel, machst du hier?" Felix hoffte, dass er entschlossen klang, aber er merkte, wie seine Stimme vor Angst zitterte.

„Richtige Frage, falsche Abteilung", antwortete das Mädchen. Dann stieß sie sich wieder mit den Füßen ab und drehte sich mit dem Stuhl einmal im Kreis. „Nicht der Teufel", sagte das Mädchen, als sie ihre Runde beendet hatte, „der andere." Damit streckte sie einen Zeigefinger nach oben, Richtung Zimmerdecke.

„Häh?", machte Felix, woraufhin das Mädchen: „Herrgott, bist du dämlich" knurrte. „Ich bin ein Engel." Wieder zeigte das Mädchen an die Decke. „Von da oben. Der Himmel, Felix. Schon mal gehört? Und einmal im Leben kommen wir zu jedem um ihm – oder ihr – einen Wunsch zu erfüllen. Keine Ahnung, warum. Ist so Sitte bei uns. Und heute bist du eben dran."

„Ruhig, ganz ruhig", dachte Felix. „Okay, eine Verrückte ist in deinem Zimmer, und sie weiß, wie du heißt." Und was wirklich unheimlich war: Felix konnte sich nicht erklären, wie sie es geschafft hatte, zu ihm rein zu kommen. Die Fenster waren verschlossen, und seine Mutter hatte bestimmt nicht vergessen die Haustür abzuschließen. Sie schloss immer ab bevor sie schlafen ging. Jeden Tag. Zweimal, bis sich der Schlüssel nicht mehr im Schloss drehte.

Doch eigentlich spielte es überhaupt keine Rolle wie das Mädchen in sein Zimmer gekommen war. Felix fragte sich, wie er sie wieder hinaus bekam.

„Komm, Alter, sag schon." Ungeduldig schnalzte das Mädchen mit der Zunge. „Was willst du?"

Wenn er jetzt ein Kleinkind gewesen wäre, hätte er laut nach Mama und Papa gerufen, aber eher würde er nach den Ferien eine Woche lang im Schlafanzug zur Schule gehen, als dass er sich vor dem Mädchen so erniedrigte. Aber vielleicht sollte er erstmal versuchen sie zum Reden zu bringen. So würde er etwas Zeit gewinnen. Zeit, die er brauchte, bis er sich im Klaren darüber war, was er jetzt tun sollte. Darum fragte er: „Hast du auch einen Namen?"

„Das interessiert dich nicht. Ich will kein Date, ich mach hier meinen Job."

Klatsch! Das saß. Aber er musste es weiter versuchen, wollte sie zum reden bringen, also sagte Felix: „Ja, aber du stehst hier in meinem Zimmer, dabei kenne dich überhaupt nicht ... Du weißt, wie ich heiße, da dachte ich mir, du könntest mir vielleicht auch deinen ..."

„Ey, was laberst du da", unterbrach das Mädchen ihn. „Das einzige, was ich von dir will ist ...". Sie hielt inne, und schien sie über etwas nachzudenken. „Was soll's", seufzte das Mädchen. „Naomi."

„Du heißt Naomi?", fragte Felix.

„Hab ich doch gerade gesagt, oder?"

Schön, jetzt kannte Felix wenigstens ihren Namen – wenn sie wirklich so hieß. Nun konnte er nicht ausschließen, dass sich diese Naomi möglicherweise wirklich für einen Engel hielt. Einen Engel, mit richtig schlechter Laune, wie Felix fand. Doch obwohl das natürlich völlig gaga war, entschloss sich Felix vorerst darauf einzugehen. Da fiel ihm der Lieblingsweihnachtsfilm seiner Mutter ein. „Dann bin ich also dein Auftrag, oder?"

Naomi blickte ihn verständnislos an.

„Na, du hast doch den Auftrag mir einen Wunsch zu erfüllen, und wenn du das gut gemacht hast, klingelt irgendwo ein Glöckchen, weil du dann deine Flüg ..."

Ihr eisiger Blick ließ Felix verstummen. Selbst in dem spärlichen Schein der Lampe konnte er erkennen, wie das Gesicht des Mädchens eine rötliche Färbung annahm.

„Boah, Alter, willst du mich verarschen?" Naomi sprang von ihrem Stuhl auf. „Hör zu, ich hab' einen echt stressigen Tag hinter mir, und trotzdem komm ich noch hier her, bei dieser Dreckskälte, und dann so was! Ich hasse Weihnachtsfilme, okay? Und ich schwör dir, wenn du jetzt noch mit ‚Der kleine Lord' um die Ecke kommst, kannst du dir deinen bescheuerten Wunsch ein für alle Mal gepflegt von hinten in deinen dürren Ar…!"

„Ist ja gut!", rief Felix schnell. „Aber brüll nicht so. Meine Eltern schlafen unten."

„Ich brüll, wann ich will", giftete Naomi. „Und hör endlich auf, dich so hysterisch an deiner Bettdecke festzukrallen. Ich guck dir schon nichts weg." Das Mädchen verzog spöttisch die Mundwinkel. „So viel zu glotzen, gibt's da sowieso nicht."

„Hey!" Felix schlug die Beine übereinander und presste die Hände noch fester an die Bettdecke.

„Gib dir keine Mühe. Engel sehen alles. Ist wie bei Superman. So 'ne Art Röntgenblick. Aber bei dem, was ich da oft zu sehen kriege, ist das 'ne Gabe, auf die ich echt verzichten kann."

Felix sah Naomi an. Dann blickte er zum Fußende seines Bettes. Dann sah er wieder zu dem Mädchen, um anschließend erneut seine in der Bettdecke eingewickelten Füße zu betrachten.

„Hast du irgendwie 'ne Krankheit, oder was soll das?", fragte Naomi.

„Ich habe nachgedacht", antwortete Felix, der immer noch nicht wusste, wie er seine Besucherin loswerden sollte. „Ich glaube nicht, dass du ein Engel bist."

Naomi verschränkte die Arme. „Sondern 'ne Irre mit 'nem Engelstick, die wahrscheinlich gerade in der Geschlossenen gesucht wird."

„Ja", gab Felix zu, „so ungefähr. Außerdem sprichst du nicht wie ein Engel."

„Ach, wie sprechen die denn?"

„Auf jeden Fall nicht so, wie du", gab Felix zurück. „Und ..." Er deutete auf ihre Kleidung: rot-blaues Baumwollhemd, Jeans und Turnschuhe „... Engel sehen auch anders aus."

Das Mädchen atmete einmal tief ein und aus. „Na schön, also die übliche Tour." Sie bewegte sich auf Felix Zimmertür zu, und zu seiner Erleichterung schien es einen Moment lang, als ob Naomi einfach diese öffnen, und auf Nimmerwiedersehen verschwinden würde. Doch stattdessen stellte sie sich mit dem Gesicht vor dem Fußende des Bettes auf, und schloss die Augen. Dann begann das Mädchen von innen zu glühen. Das Glühen wurde stärker, und plötzlich dröhnte ein Rauschen und Brausen in Felix Ohren, obwohl nicht ein Luftzug zu spüren war. Naomi breitete die Arme aus, und Felix vernahm den Klang eines gewaltigen Chores. Es war, als ob sich tausend Sopranistinnen - das Wort hatte Felix mal im Musikunterricht gehört - versammelt hätten, um gemeinsam einen langgezogenen hohen Ton zu singen. Es klang dramatisch, aber auch wunderschön. Das Mädchen stand jetzt in einem gleißenden weißen Licht, und vor seinen Augen wuchs sie, bis ihr Kopf die Zimmerdecke berührte. Statt Hemd, Hose und Turnschuhe trug sie nun ein eng anliegendes weißes Kleid, und ihre Füße waren nackt. Dazu breiteten sich plötzlich hinter ihrem Rücken zwei mächtige, ebenfalls weiße Flügel aus, und alles, was Felix in diesem Moment zu sagen vermochte, war: „Ach - du - Scheiße!"

In der nächsten Sekunde war alles vorbei. Das Mädchen war so groß wie zuvor und trug wieder Jeans und Hemd. „Hier können wir uns verwandeln in wen wir wollen, aber zu Hause haben wir Licht und Flügel. Zufrieden?" Naomi klang gelangweilt.

Felix konnte nichts mehr sagen. Er fühlte sich wie versteinert, sein Kopf schmerzte, und er musste wieder ganz dringend zur Toilette. Auf einmal waren Stimmen in seinem Kopf, und alle riefen durcheinander:

Das kann nicht sein!

Wo bleiben Mama und Papa? Die müssen das doch gehört haben.

Eigentlich sieht sie ja ganz gut aus.

Ich träume noch. In Wahrheit bin ich gar nicht aufgewacht. Gleich kommt die Löwin mit Julias Stimme und legt sich zu mir ins Bett.

Doch er brachte nur: „Ich muss ganz dringend zur Toilette" hervor.

Das Mädchen rollte mit den Augen. „Meine Fresse, dann geh schnell."

„Ja." Er versuchte zu schlucken, aber, als ob sich eine Schlinge um seinen Hals gelegt hätte, fiel es ihm unendlich schwer. „Ja", wiederholte er, „aber ich kann nicht."

„Wie, du kannst nicht", blaffte das Mädchen, und stemmte die Hände in die Hüfte.

„Es tut mir leid. Ich kann mich nicht bewegen. Meine Beine sind ganz taub." Und genau so war es. Felix fühlte sich wie gelähmt. Ihm war heiß und kalt zugleich, und seine Blase schien kurz davor zu platzen.

„Du kannst nicht aufstehen?"

„Nein."

„Überhaupt nicht?"

Felix schüttelte den Kopf.

„Na, dann scheint das ja heute mein Glückstag zu sein", sagte Naomi, allerdings klang es nicht so, als würde sie es so meinen. Anschließend machte sie eine Wischbewegung mit der Hand, so wie jemand, der eine lästige Fliege verscheucht, und dann saß Felix nebenan im Badezimmer auf dem Toilettensitz.

„Und beeil dich, sonst sorge ich dafür, dass der Klodeckel brennt", hörte Felix von der anderen Seite der Wand.

„Das ist nicht witzig!", rief der Junge.

„Das war kein Witz."

Nachdem Felix erledigt hatte was zu erledigen war, betätigte er, ganz entgegen seiner Gewohnheit, weder die Spülung, noch wusch er sich die Hände. Dafür öffnete er jetzt lautlos die Badezimmertür, und schlich sich vorsichtig nach unten ins Schlafzimmer seiner Eltern. Denn eines stand für Felix inzwischen fest: Sollte er seinen

Eltern in ein paar Stunden beim Frühstück von seiner Begegnung mit einem Engel erzählen – dass Naomi tatsächlich ein Engel war, zog Felix spätestens jetzt, nach seinem übergangslosen Transport auf das heimische WC, ernsthaft in Betracht -, wenn er seinen Eltern also hiervon erzählte, würden sie das Ganze entweder als passenden Traum zur Weihnachtszeit abtun, oder ihn noch vor der Bescherung in die Klapse einliefern lassen. Da Felix auf beides gut und gerne verzichten konnte, beabsichtigte er seine Eltern heimlich zu wecken, sie nach oben in sein Zimmer zu führen, um sie dort mit seinem außergewöhnlichen Gast zu konfrontieren.

In der nächtlichen Finsternis tastete sich Felix leise die Treppe hinab ins Erdgeschoss. Und während die hölzernen Stufen gewöhnlich bei jedem Schritt knarrten, gelang es Felix in diesem Moment diese völlig geräuschlos hinunter zu gehen.

„Hoffentlich trete ich nicht auf Charlie", dachte Felix, denn der Kater liebte es schon von klein auf zu nachtschlafender Zeit durch das Haus zu wandern. Doch Charlie stromerte wohl gerade woanders herum, oder er machte irgendwo eines seiner sporadischen Nickerchen, jedenfalls gelangte Felix unfallfrei zum Schlafzimmer seiner Eltern. Die Tür war nur angelehnt, und Felix überlegte, was er nun tun sollte. Einfach in das Zimmer zu platzen war riskant. Felix hörte zwar kein Geräusch auf der anderen Seite, aber er mochte sich auch nicht im Ansatz ausmalen, bei welcher Tätigkeit er seine Eltern im Bett gerade stören könnte. Aber möglicherweise ginge es, nach dem Öffnen den Lichtschalter zu betätigen, der sich direkt neben dem Türrahmen befand. Dann wüssten sie wenigstens dass ... Und hier stutzte Felix. Er lauschte. Irgendetwas war nicht so wie sonst. Der Junge stand in völliger Dunkelheit vor dem elterlichen Schlafzimmer und hörte in der Tat buchstäblich   - nichts -.

Und genau das war merkwürdig, denn sein Vater schnarchte wie ein Bär. Das war selbst bei geschlossener Tür zu hören. Seine Mutter behauptete sogar, dass das ganze Dorf wegen ihm kein Auge zukriegen würde, was vielleicht etwas übertrieben war. Doch nun drang kein einziger Ton an sein Ohr. Es war absolut still. Waren seine Eltern etwa nicht zu Hause? Aber das konnte nicht sein. Sie hätten niemals einfach so das Haus verlassen, und schon gar nicht, ohne ihm vorher zu sagen, wo sie sein würden, und wie er sie im

Notfall erreichen konnte. Jedenfalls konnte er nicht ewig hier herumstehen. Felix beschloss etwas zu unternehmen. Er öffnete die Tür ein paar Zentimeter und rief leise „Mama, Papa" in die Schwärze des Schlafzimmers. Felix horchte. Keine Reaktion. „Mama, Papa." Jetzt etwas lauter. Wieder nichts.

Felix stand nach wie vor im Flur; die linke Hand an der nun halb geöffneten Tür des Schlafzimmers. Und da sich vor ihm immer noch nichts rührte, beschloss er tapfer zu sein. Er machte das Licht an, und trat in das Zimmer. „Mama, Papa, ihr müsst unbedingt mit mir kommen. Oben ist ..." Und dann traute er seinen Augen nicht. Seine Eltern lagen im Bett. Sein Vater lag auf der Seite, seine Mutter auf dem Rücken. Aber sie bewegten sich nicht. Kein bisschen; so, als ob sie noch nicht einmal atmen würden. Als wären sie in der Arktis im ewigen Eis erstarrt. Aber das war nicht das Schlimmste. Das Schlimmste war Charlie, und Felix war sicher dass er dieses Bild nie mehr vergessen würde. Im Laufe der Nacht musste Charlie oben auf den Schlafzimmerschrank gesprungen sein, der sich links neben dem Bett seiner Eltern befand. Irgendwann war es ihm dort wohl zu langweilig geworden. Er war vom Schrank geschnellt und wollte anscheinend mit einem gekonnten Satz das Bett erreichen, aber dann war er auf halber Strecke festgefroren. Felix sah den Kater vor sich: Im Sprung, mit gespreizten Vorder- und Hinterbeinen und angelegten Ohren. Hätte Felix einen Arm gerade ausgestreckt, wäre es dem Jungen möglich gewesen mit den Fingern über das Fell des Tieres zu streichen. Ihm kam es vor, als hätte jemand ein Foto in dem Moment gemacht, in dem der Kater sprang, und Felix dann in das Bild gestellt.

„TA-DAAAA!" Eine gesungene Fanfare. Felix wirbelte herum. Der Engel stand vor ihm. „Warst du das?"

„Wer sonst?"

„Sie sind doch nicht ... Du hast sie doch nicht ...", stotterte Felix.

Naomi wurde ernst. „Mach dich locker. Denen fehlt nichts. Hab sie nur mal für 'ne Zeit eingemottet. Das hier, ist eine Sache zwischen dir und mir. Da habe ich keine Lust auf Besuch von deinen Erzeugern und 'ner fetten Katze."

„Charlie ist nicht fett. Außerdem ist er ein Kater."

„Wenn du wüsstest, wie scheißegal mir das ist." Sie wandte sich um, und ging in den Flur. Felix folgte ihr.

„Mach mal Licht, Alter."

Bevor Felix auch nur ein weiteres Licht einschalten konnte, gingen alle Lampen im Haus von selbst an. „Das warst du wieder, stimmt's?" Er bekam nicht mal eine Antwort.

Sie gelangten ins Wohnzimmer, wo der Engel sich kurz umsah, und dann auf die Wandregale mit der Musik – CDs seiner Eltern zusteuerte. Felix ließ sich auf die breite lederne Wohnzimmercouch fallen. Das, was er seit seinem Erwachen aus dem schönen Dschungeltraum erlebt hatte, war ihm mächtig auf die Nerven, und auf den Magen geschlagen. Während der Engel akribisch die musikalischen Vorlieben seiner Eltern begutachtete, fragte sich Felix erneut, ob er dies alles nicht doch nur träumte. Zur Sicherheit presste er mit aller Kraft die Nägel seines Daumens und des Zeigerfingers seiner rechten Hand in den Handrücken der linken. Es tat weh. Zudem konnte Felix genau den kleinen roten Fleck auf der Hand sowie die bogenförmigen Hautvertiefungen erkennen, welche die Fingernägel dort hinterlassen hatten. Konnte man so krass träumen?

„Alter Falter! Nur Deutscher Schlager und Prog Rock aus den Siebzigern. Mit so was bist du aufgewachsen? Lass dich mal auf Ohrenkrebs untersuchen." Offensichtlich mochte Naomi diese Musik nicht. Dann weckte etwas anderes ihre Aufmerksamkeit. Der Engel, der wie ein Mädchen aussah, oder das Mädchen, das ein Engel war - solche Spitzfindigkeiten waren Felix inzwischen völlig schnuppe – betrachtete interessiert den oberen Teil des Wohnzimmerschranks, dessen Inhalt durch die gläserne Flügeltür sehr gut zu erkennen war: Fünf Flaschen Cabernet Sauvignon, halbtrocken, der drei viertel Liter für zwanzig Euro. Felix wusste das so genau, weil sein Vater ständig damit angab dass ein Wein dieser Qualität für den Preis praktisch geschenkt sei.

Naomi öffnete die Türen und nahm eine Flasche aus dem Schrank. Ohne diese zu schließen, setzte sie sich mit dem Wein neben Felix auf die Couch. Vor der Couch stand ein niedriger, rechteckiger Tisch, worauf Naomi nun ihre Füße ablegte. Sie nahm die Flasche in die linke Hand. Anschließend bog sie den Daumen der rechten Hand unter den

Zeigefinger, um diesen in der nächsten Sekunde darunter hervor schnippen zu lassen, und wie von Zauberhand schoss der Korken von selbst mit einem lauten PLOPP aus der Flasche – was Felix erschreckte. Der Korken knallte gegen die Wohnzimmerdecke, fiel herunter, und verschwand irgendwo im Raum. Mit großen Augen sah Felix Naomi dabei zu, wie sie die Flasche an den Mund führte, und diese in einem Zug halb leer trank. Dann stellte sie die Flasche auf den Tisch und wischte sich den Mund mit dem Ärmel ihres Hemdes ab. „Nicht mal schlecht. Wenigstens beim Saufen ham' deine Alten Geschmack." Naomi drehte sich zu ihm um. „Also, was ist jetzt?"

Felix wusste nicht, was sie meinte. „Was jetzt ist?"

„Na, dein Wunsch. Deswegen bin ich hier. Oder hast du gleich noch 'ne geile Party am Start?"

„Nein", antwortete Felix. Und erst in diesem Augenblick wurde dem Jungen wirklich bewusst, was hier geschah: Ein, wenn auch schräger, Engel war kurz vor dem Heiligen Abend erschienen, um ihm einen Wunsch zu erfüllen. Ein Engel! Felix war sprachlos und unendlich gerührt. Sein Herz schlug schnell und er kämpfte mit den Tränen.

„Und?" Naomi sprach betont langsam und ihre linke Hand beschrieb mit dem ausgestreckten Zeigefinger eine kreisende Bewegung. Felix vermutete, dass sie ihn damit aufforderte endlich seinen Wunsch zu äußern. Da brauchte er nicht lange zu überlegen. „Das erzählst du aber keinem, okay?"

Der Engel rollte wieder mit den Augen. „Wieso, kommt jetzt was Schweinisches?"

„Nein!", rief Felix entrüstet.

„Also?" Naomi nahm noch einen Schluck.

Felix holte tief Luft. „Ich wünsche mir, dass Julia mich liebt."

Der Engel hörte auf zu trinken. Er setzte die Flasche ab, und stellte sie zurück auf den Tisch. „Das ist alles?"

„Ja", antwortete Felix. „Das ist mein sehnlichster Wunsch."

Naomi runzelte die Stirn. „Moment, das ist der Wunsch für dein gesamtes Leben? Dass die blonde Schnalle in deiner Klasse sich in dich verknallt?"

Felix zögerte keine Sekunde. „Ja."

Naomi fixierte ihn mit ihren strahlend blauen Augen. Dann zuckte sie mit den Achseln und sagte beiläufig: „Na schön." Der Engel stand auf. „Es ist dein Leben, Mann." Naomi ging um den Tisch herum, und wandte sich an Felix. „Ich hau dann ab. Wenn ich weg bin, ist alles so, wie vorher. Das heißt, die Zeit läuft weiter, die Katze landet auf dem Bett, dein Vater erschreckt sich, und schreit rum .... Du weißt Bescheid. Und wegen dem hier ..." Naomi sah kurz zu der fast leeren Flasche. „Na, irgendwas fällt dir dazu schon ein. Ein schönes Leben noch". Jetzt grinste Naomi und Felix kam es vor, als würde sie sich über ihn lustig machen. Und plötzlich wusste er auch, warum. Felix sprang von der Couch auf. „Warte mal!" Der Engel drehte sich um. „Was stimmt damit nicht? Ich meine ..." Das nächste fiel Felix wirklich schwer. „Ich meine, ich mag Julia wirklich. Gut, sie sieht toll aus, aber sie ist auch freundlich und sie ist echt schlau. In Mathe schreibt sie immer Einsen und Zweien und ..."

„Ja", sagte Naomi, „aber sie macht nach drei Monaten Schluss."

„Was?", rief Felix entsetzt.

„Ja, ihr kommt zusammen, aber das hält nicht. Nach drei Monaten lernt sie jemand anderen kennen, und das war's mit dir."

Felix konnte nicht fassen, was er da hörte. Er fühlte sich, als wäre er von einer Abrissbirne getroffen worden. Und während er Naomi noch vor wenigen Minuten am liebsten einen guten Irrenarzt empfohlen hätte, glaubte er ihr nun jedes Wort. „Aber sie soll mich doch lieben", jammerte Felix.

„Wenn ich die Kleine für dich klar mach, tut sie das auch", antwortete Naomi, „nur nicht so lange. Mehr geht nicht, Alter, sorry."

Völlig konsterniert sackte er zurück auf die Couch. Es dauerte bis Felix seine Sprache wiedergefunden hatte. „Das ist nicht fair. Das ist einfach nicht fair."

„Das ist das Leben, Mann", sagte der Engel. „So was wie Schicksal, verstehst du? Da können selbst wir nichts machen."

Felix dachte lange nach. „Und wenn ich mir wünsche reich zu sein?"

„Das haut hin", erklärte der Engel, „Doch die Kohle macht dich eingebildet, rücksichtslos, einsam und du schiebst ständig Panik, dass du wegen deinen Moneten entführt wirst."

„Dann will ich nicht reich sein, sondern berühmt."

„Wird dasselbe, nur ohne Knete."

„Ich will immer viele Freunde haben."

„Du hast nie mehr Zeit für dich, und deine Familie."

„Ich will der älteste Mensch der Welt werden."

„Du wirst miterleben, wie deine Kinder und Enkel vor dir sterben."

„Egal, was ich tue, ich will nie dafür bestraft werden."

„Hör mal, du Perversling. Wenn du dir einbildest, du kannst so kranke Sachen abziehen ..."

„Nein, es ist nur ..."

„So was läuft nicht bei mir, klar?" Der Engel funkelte Felix zornig an.

„Ich dachte nur ..."

„Was?"

„Ach, ich weiß auch nicht", seufzte der Junge. Felix starrte eine Weile vor sich und stand dann auf. „Wenn das alles Mist ist, dann sag du mir, was ich wünschen soll."

„Ja, was weiß ich denn. Ist das mein Leben?"

„Na toll." Felix verschränkte die Arme. „Für 'n Engel, bist du nicht gerade hilfreich."

„Ach so", ätzte Naomi. „Den Wunsch seines Lebens erfüllt zu bekommen reicht dem feinen Herrn nicht. Wie wär's zur Abwechslung mal mit ein bisschen Dankbarkeit, du Pfeife."

Einen Moment lang, wusste Felix nicht, was er darauf sagen sollte. Dann ging er zum Wohnzimmerschrank, der immer noch offen stand, und schloss die Türen. „Natürlich bin ich dankbar, aber ..." Felix wandte sich dem Engel zu. „Ach, kein Plan. Vielleicht habe ich einfach zu sehr an mich gedacht." Dann fiel ihm etwas ein. „Weißt du was? Ich wünsche mir, dass es im Leben meiner Familie – und für Charlie – immer etwas gibt, das ihnen Freude bereitet."

Naomi blickte Felix an. „Cooler Wunsch."

„Danke", sagte Felix.

Naomi blickte kurz nach oben zur Zimmerdecke. „Ich denke, das geht klar."

„Danke."

„Du wiederholst dich", sagte der Engel.

„Ich weiß", sagte Felix.

Jetzt ließ Naomi ihren Blick schweifen, als ob sie sich jedes Detail des Raumes einprägen wollte. Anschließend sagte der Engel: „Okay, ich hab morgen wieder 'ne ganze Menge Hausbesuche. Aber für heute ist echt Schluss. „Also dann..." Naomi machte eine kurze Pause. „Frohe Weihnachten, Alter."

„Dir auch", erwiderte Felix, aber mehr, als ein Flüstern, kam nicht aus ihm heraus. Ein Engel war im Begriff ihn zu verlassen, und das machte Felix traurig – zumal der Engel auch noch rattenscharf aussah.

Naomi drehte sich um, und ging Richtung Flur. Und in diesem Moment traf Felix die Erkenntnis wie ein Schlag. Tauchten Engel einfach irgendwo so auf? Nein. Sie wurden geschickt, oder gesandt, oder wie das hieß. Und zwar von … Felix wurde ganz heiß. Es schien, als würde der Boden unter seinen Füßen wegsacken. Er rief: „Hey!"

Naomi stand schon im Türrahmen. Sie wandte sich wieder dem Jungen zu.

„Wie ist Gott denn so?", fragte Felix atemlos.

Naomi lächelte, zwinkerte ihm mit dem linken Auge zu – und dann war sie weg.

Wir stellen uns vor:

Anja Brand

Geboren 1961 in Hohenlimburg. Unterm Schlossberg entdeckte sie recht früh ihre Freude am Schreiben, schloss sich aber erst 2010 der Autorengruppe LITERA an.
„Schreiben ist für mich wichtig, da kann ich meine Gedanken fliegen lassen. Ein Stück Freiheit für den Geist."

Beate Kranz

Geboren 1964 in Herne/Westfalen, lebt seit 1989 aus Überzeugung in Breckerfeld.
Bereits als Kind schrieb sie erste Geschichten und Gedichte. Seit 1997 gehört sie zur Autorengruppe LITERA.
„Schreiben ist für mich eine Möglichkeit Fantasie und Kreativität auszuleben und Dingen und Situationen in eine andere Sichtweise zu setzen."

Brigitte Krause

Geboren 1946 in Dortmund, lebt seit 1976 in Hohenlimburg.

Sie ist seit 1997 Mitglied der Autorengruppe LITERA.

„Ich schreibe gerne Märchen und Fabeln für Kinder."

Frank Siebel

Geboren 1965 in Siegen, kam 1998 über Kurse zum ‚kreativen Schreiben' an der VHS Hagen zur Autorengruppe LITERA.

Frank Siebel sieht Schreiben als „Spielplatz der Fantasie".

Carsten Wunn

Geboren 1967 in Meerbusch Büderich. Schreibt Satiren überwiegend aus dem Pelztiermilieu und veröffentlichte 2008 den Roman „Kniesel und ich". Seit Sommer 2010 ist er Mitglied der Autorenguppe LITERA.

Titelbild: Sonja Opfermann

Geboren 1972 in Hagen. Ihre fotografischen Arbeiten spiegeln die Schönheit und Einzigartigkeit der alltäglichen Umgebung wieder. Sie laden zum Staunen über das Besondere im Vertrauten ein.

Seit 2007 arbeitet Sonja Opfermann regelmäßig mit der Autorengruppe LITERA an verschiedenen Projekten.